문지스펙트럼

세계의 고전 사상
———————
7-003

SYMPOSIUM
— e peri erotos, ethicus

Platon

향연
— 사랑에 관하여

플라톤
박희영 옮김

문학과지성사

세계의 고전 사상 기획위원 성민엽·김태환·김재인

문지스펙트럼 7-003
향연—사랑에 관하여

제1판 1쇄 발행 2003년 5월 30일
제1판 22쇄 발행 2021년 8월 18일

지은이 플라톤
옮긴이 박희영
펴낸이 이광호
펴낸곳 ㈜문학과지성사
등록 제1993-000098호
주소 04034 서울 마포구 잔다리로7길 18(서교동 377-20)
전화 02)338-7224
팩스 02)323-4180(편집) 02)338-7221(영업)
전자우편 moonji@moonji.com
홈페이지 www.moonji.com

ISBN 978-89-320-1415-9
ISBN 978-89-320-0851-6(세트)

이 책의 판권은 옮긴이와 ㈜문학과지성사에 있습니다.
양측의 서면 동의 없는 무단 전재 및 복제를 금합니다.

향연
―사랑에 관하여

■ 옮긴이 서문

철학적 세계로의 입문

1. 한국 사회에서의 철학이란 학문

우리 사회에서 철학이란 학문은 비록 그 이름은 많이 알려져 있지만, 실제로 그것이 무엇을 다루는 학문인지 그 내용은 별로 알려져 있지 않다. 사실 일반인들은 철학이란 용어를 들으면, 곧장 운명 철학관을 떠올리면서 사주 및 관상 그리고 작명을 연상한다. 철학에 대해 지니는 이러한 오해는 일반인뿐만 아니라, 대학 교육을 받은 사람의 경우에서도 마찬가지로 일어난다. 즉 1990년대까지 소위 대학에서 철학 개론을 필수 과목으로 이수한 사람들도 철학을 지칭하는 그리스어 philosophia의 의미가 '지혜에 대한 사랑'이라는 사실만 어렴풋이 떠올릴 뿐, 그것에 대해 '들어도 모르는 이야기' '누구나 다 아는 것을 아무도 알아들을 수 없게 말하는 추상적이고 현실과는 동떨어진 학문,' 심지어는 '골치 아픈 학문'이라는 인상만을 갖고 있는 경우가 대부분이다.

그렇다면 왜 내학 교육을 받은 사람까지도 철학에 대해서 이러한 인상을 갖게 된 것일까? 그것은 우리나라에 일본인들의 손을 거쳐 소개된 서양 철학이 소위 데칸쇼(데카르트, 칸트, 쇼펜하우어) 철학이라 불려진 독일 관념론이 대부분이었던 사실과 무관하지 않다. 사실 일제 통치라는 암흑기에 유난히 감성적 민족성을 지닌 우리에게 알려진 서양 철학은 처음부터 그것이 지닌 본래의 모습 중에서 주관주의적 경향만 특별히 강조된 일그러진 모습으로 나타날 수밖에 없었다. 이러한 관점에서 보면, 해방 이후 오늘날까지, 비합리적이고 반주지주의적인 철학 사조가 왜 우리의 철학계를 주도해왔었는가를 쉽게 이해할 수 있다. 마찬가지 이유에서, 1960년대까지 우리 사회에서 왜 철학자 하면 '헝클어진 머리에서 뚝뚝 떨어지는 비듬과 함께 현실과는 전혀 상관없는 우주의 모든 문제를 쓸데없이 혼자 다 짊어지고 고민하는 창백한 염세주의적 지성인의 모습'만을 떠올렸는지도 이해할 수 있게 된다. 한국에서 철학이라는 것이 '현실 개혁에 앞장서는 학문'으로서의 본질적 모습을 찾기 시작한 것은 마르쿠제의 『이성과 혁명』을 팔에 안고 다니는 대학생이 나타나기 시작한 1970년대부터라 할 수 있다. 물론 그 당시의 철학도에게 이 책보다도 더 강렬한 인상을 준 것은 노동자 앞에서 연설하던 사르트르와 데모대의 선두에 서서 피 흘리던 연약한 여인 로자 룩셈부르크가 보여준 행동하는 지성인의 모습이었다. 사실 그 모습은 '이성적인 것이 현실적인 것이고, 현실적인 것이 이성적인 것'이라는 헤겔의 주장대로, 지성인에게 이제 현실은 더 이상 자욱한 담배 연기 속에서 수없이 고쳐 보고 포기하는 관념적 유희의 대상이 아니라, 차가운 계산과 뜨거운 정열 속에서 차근차근 바꿔나가야 하는 행동의 대상임을 인식하게 만들었다. 그 당시의 학생들이 현실 개혁의 첫번째 과제로 '독재 정권 타파'라는 기치 하에 모두 모일 수 있었던 것도 바로 그러한 인식 때문이었다. 물론 공산주의 사회의 실현을 목표로 하였던 프랑스의 1968년 학생 운동이나 일본의 1970년 학생 운동, 반전 및 평화를 기치로 내걸었던 미국의 학생 운동이 우리나라의 대학생들에게 직접적인 영향을 끼친 것은 사실이다. 그러나 운동의 이념에 관한 한, 우리의 학생 운동이 그들의 영향을 받은 것은 아니다. 사실 1960년대의 4·19 혁명과 한일회담 반대 운동, 1970년대의 유신 헌법 철폐 운동 등의 예에서 볼 수 있듯이, 한국 내 대학에서의 학생 운동은 주로 독재 정권 타파에 그 목표점이 맞춰져 있었다. 현실 개혁의 의지가 그처럼 민주화 투쟁에만 그 초점이 맞춰지는 태생적 한계를 지닐 수밖에 없었음은 남북 분단이 잉태시킨 좌우 이념의 극단적 대립이라는 우리 사회의 특수한 정치적 상황을 고려하면 당연한 결과였다. 어쨌든 1960, 70년대의 학생 운동은 많은 대학생들에게 현실을 바라보는 안목과 역사 의식의 씨앗을 심어주었고, 그 씨앗은 1980년대의 민주화 성취라는 열매를 맺는 데 결정적인 역할을 하게 된다.

현실 개혁의 의지는 1980년대로 들어오면서, 사회의 모든 분야의 문제점들을 대상으로 삼는 등 일반인들에게까지 널리 퍼져나가게 된다. 그러한 보편화의 기저에는 계급 의식·투쟁 의식 고취 등 이념 교육을 중시한 헤겔·마르크스·레닌 유의 사회철학을 전파하기에 앞장섰던 철학도들의 숨은 노력이 깔려 있다. 그러나 그러한 유의 철학은 비록 독재 정권 타도와 같은 투쟁에는 강력한 힘을 발휘할 수 있었지만, 진정한 의미에서의 현실 개혁을 이루는 데에는 오히려 걸림돌이 되는 측면도 동시에 지니고 있다. 사실 가진 자와 못 가진 자·지배 계급과 피지배 계급·보수 집단과 진보 집단이라는 이분법적 구별에 근거한 두 진영 사이의 대립과 투쟁에만 초점이 맞춰진 현실 개혁의 시선은, 다원화된 사회 속의 각 집단 간의 이해관계를 전체적 조화 속에서 종합하는 사유 능력을 석화시킬 위험을 안고 있다. 더욱이 그러한 시선이 일반 대중에게 오직 이기기 위한 투쟁의 방법론으로 비춰지는 경우, 그러한 시선에 입각한 각 개인과 집단의 이기주의적 운동은 본래의 의도와는 전혀 다른 결과를 낳게 될 수밖에 없다. 오늘날 우리 사회는 정치적 자유의 획득이라는 보답의 대가로 왜곡된 이기주의와 평등주의에 의해 우리의 전통적

미덕들마저 근본적으로 와해되는 가치론적 대혼란을 겪고 있다. 그러한 혼란은 국가와 사회 전체의 선을 전혀 고려하지 않고, 개인과 소수 집단의 이익만을 추구하려는 잘못된 개혁 사상이 남의 것 또는 기존의 것 모두를 무조건 타파해야 할 나쁜 것으로 규정짓는 이분법적 시선과 사유 구조 안에 갇혀 있기 때문이다.

이 같은 현실을 고려하면, 우리는 지금이야말로 과거 그 어느 때보다도 현실 개혁이라는 가장 본질적 의미에서의 철학적 사유와 실천을 이룩하기 위해 노력해야 할 때임을 알 수 있다. 우리는 일반적으로 현실 개혁의 가장 이상적인 예를 프랑스 대혁명 속에서 찾는다. 그러나 프랑스 대혁명의 진정한 의미를 아는 사람은 드물다. 전세계에 민주주의를 모형화시키는 산파 역할을 했던 그 혁명의 의의는 단순히 절대왕정이라는 구체제를 전복시키고 민중이 권력을 차지하게 되었다는 점에 있는 것이 아니다. 그것은 자유 평등 박애라는 관념적 차원의 혁명 이념을 구체적 방법론 내지 논리를 통해 현실의 차원에서 실현시켰다는 사실 속에 있는 것이다. 이러한 관점에서 보면, 정치적 관점에서의 민주화의 성취는 현실 개혁이라는 긴 여정의 시발점일 뿐이지, 그 종착점에 도달한 것이 아님을 알 수 있다. 사실 현실 개혁은 민주주의 이념 실천의 방법론을 찾고 그 방법에 따라 차근차근 잘못된 것을 고쳐나가기 위해, 자신의 전존재를 투여해야 하는 지루하고 긴 작업인 것이다.

그렇다면 21세기라는 새천년의 벽두에서, 소위 후기 자본주의와 정보 지상주의의 문화 속에 살게 된 우리는 과연 어떠한 방법으로 현실을 개혁해 나아가야 하는가? 언뜻 보면 가상 공간에서 서로 평등한 자격으로 각자의 의견과 정보를 자유롭게 교환하게 해주는 오늘날의 인터넷 문화가 현실 개혁의 방법을 찾게 해줄 차선의 수단일 수도 있다. 그러나 그것은 주어진 문제를 전체와의 연관 관계 속에서 공관(共觀, synopsis)할 뿐만 아니라 논리적으로 꼼꼼히 따질 수 있는 철학적 사유의 능력과 현실을 가장 이상적인 방향으로 개선해 나아가려는 정신을 지니고 있을 때에만 가능한 것이다. 사실 가상 공간의 대화자들이 자신만의 이익을 취하려는 의도는 익명성이라는 가면 속에 숨긴 채, 자신의 의견과 반대되는 의견은 무조건 반대하고 심지어 욕지거리까지 서슴지 않는 태도를 버리지 못한다면, 인터넷 문화를 통한 현실 개혁은 절대로 불가능하게 된다.

플라톤의 대화록을 번역하면서 필자가 우리 사회에서 철학이라는 학문이 어떻게 인식되어 왔었는지를 살펴본 이유는 다름아닌 이 작품이 '지혜에 대한 사랑'이라는 가장 기본적 의미에서의 철학함이 무엇인지를 규정해줄 뿐만 아니라, 현실 개혁을 실천함에 있어 가장 중요한 사랑의 정신이 무엇인지를 밝혀주고 있기 때문이다. 다시 말해 우리는 이러한 철학함의 기본적 자세를 갖추고서야 비로소 우리 사회에 널리 퍼져 있는 철학함의 일그러진 모습을 바로잡고, 가상 공간에서의 진지한 대화를 통한 새로운 철학함을 정립시킬 수 있게 된다.

2. 철학이란 어떤 학문인가?

그렇다면 철학이라는 학문의 본질은 무엇인가? 철학은 '지혜에 대한 사랑'이라는 어원이 말해주고 있듯이, 인간이 이 세계 속에서 살아가면서 부딪히는 모든 문제를 해결할 수 있는 지혜 혹은 앎을 탐구하는 학문이다. 그런데 그러한 지혜를 얻기 위해, 철학은 현실과 밀접하게 관계 맺으면서도, 다른 한편으로 현실로부터 일정한 거리를 두고 떨어져 있어야만 한다. 현실에 밀착해야 함은 철학이 한편으로 현실 속에서 실제로 주어진 것에서 출발해야 함을, 다른 한편으로 현실을 항상 최선의 방향으로 바꾸어 나아가기 위해 현실 속으로 뛰어들어 행동해야 함을 의미한다. 바로 이러한 근거에서 우리는 철학이 다른 개별 과학들로부터 유리되어 있는 것이 아니라, 오히려 그것들과 밀접하게 관계를 맺고 있다고 말한다. 그리스 시대에 철학이 '만학의 여왕'이라고 불린 것도 바로 이러한 이유 때문임은 잘 알려진 사실이다.

한편 철학은 현실로부터 그리고 또한 다른 개별 과학들로부터 일정한 거리를 유지해야만 한다. 그 이유는 현실을 정확히 바라보기 위해, 철학은 마치 미네르바의 올빼미처럼 높은 곳에서 전체를 공관하는 안목을 지녀야 하기 때문이다. 바로 그러한 안목을 지니고 있어야만, 철학은 특수한 현상이 왜 일어나는지, 그 현상들 간에는 어떠한 인과 관계가 성립하는지를 탐구하는 개별 과학의 단계를 넘어, 모든 개별 과학적 대상들에 공통적인 모습 내지 특성들을 탐구하는 메타 과학적 차원의 논의에까지 나아갈 수 있게 된다. 이 같은 관점에서 보면, 철학에 대해 일반인이 지니는 '추상적 학문'이란 인상이 전혀 틀린 것은 아니다. 그러나 철학이 지닌 추상성은 이론적 체계 구성상의 추상성이지, 현실과 동떨어져 있다는 의미에서의 추상성은 아니다.

같은 문맥에서, 철학하면 '골치 아픈 학문'을 떠올리는 일반인의 인성도 전혀 틀린 것은 아니다. 사실 철학은 방법론적으로 논리적 필연성을 엄밀하게 따라야 할 뿐만 아니라, 목적론적으로는 가치론적 관점에서 가장 이상적인 것을 찾아 끝없이 되새김하는 반성적 사유를 유지해야 한다. 그런데 논리적 타당성을 따지고 깊은 명상을 하는 작업은 지루하면서도 동시에 전존재를 투여해야 하는 일이기 때문에, 일반인에게는 골치 아픈 작업으로 보일 수밖에 없다. 그럼에도 불구하고, 역사적으로 철학은 바로 그러한 논리적 추론의 방법에 대한 고찰과 현실 개혁의 이상에 대한 탐구를 계속하여 왔기 때문에, 인류 문명의 초석을 확립할 수 있었다. 즉 철학은 한편으로 현실 구제를 목표로 삼는 학문 정신을, 다른 한편으로 대상에 대한 정확한 인식과 그 인식을 명제로써 표현하되 그 명제가 참임을 증명함을 통해 인간 지식을 체계화시킬 수 있는 방법론을 동시에 발달시킨 학문이라 할 수 있다.

3. 플라톤 철학에 대한 새로운 글 읽기

학문적 탐구의 정신과 방법론을 정초시킴에 있어 견인차 역할을 한 철학은 일찍이 그리스에서 플라톤과 아리스토텔레스에 의해 그 이론적인 틀을 갖추게 된다. 물론 그러한 틀의 형성은 그 두 철학자가 선현들의 철학적 사유를 기초로 해서 자신들의 독창적인 이론 체계를 형성하였기 때문에 가능한 것이었다. 따라서 플라톤의 철학을 앞선 철학의 연속이라는 관점에서만 보면, 그것은 기존의 모든 사상들——이오니아 학파의 생성·변화 사상, 엘레아 학파의 존재·논리 사상, 피타고라스 학파의 수·조화 사상, 소크라테스의 대화술과 정의definitio 사상, 소피스트들의 논쟁술, 그리스의 종교적·신화적 사유 등——을 단순히 종합시킨 철학 정도로 여겨질 수도 있다. 그러나 그의 철학이 지니는 독창성은 앞선 사상들을 마치 그림 맞추기를 하듯 평면적으로 조합시킨 것이 아니라, 자신만의 독특한 시각에서 마치 블록 쌓기처럼 입체적 건축물로 체계화시켰다는 점에 있다. 여기에서 우리는 그가 체험한 시대 정신이 각인되어 있는 그의 독특한 철학적 시각에 주목할 필요가 있다. 즉 현실 개혁의 의지라는 초점을 지닌 그의 시각이야말로 훗날 시대와 장소를 초월하여 모든 철학자들이 지녀야 할 보편적 시각이 되었기 때문이다.

필자는 본 번역본에서 독자들이 단순히 작품 『향연』을 이해하는데 그치지 않고 플라톤의 철학 세계, 더 나아가 철학적 사유의 세계에 입문하게 되기를 바라기 때문에, 그의 철학을 소개함에 있어 바로 이러한 시각이 지닌 특성을 중점적으로 소개할 것이다. 따라서 필자의 플라톤 철학에 대한 글 읽기는 그의 철학 전체에 대한 사실적 모습을 보여주기보다는, 그의 독특한 시각을 담고 있는 강렬한 이미지만을 부분적으로 클로즈업시킨 크로키화를 보여줌에 주력할 것이다. 플라톤 철학의 사실적 모습을 보기를 원하는 사람은 현재 우리나라에 번역되어 있는 서양 철학사(렘프레히트 번역판, 히르쉬베르거 번역판, 코플스톤 번역판, 소비에트 과학회 번역판 등) 책들을 참조하기 바란다.

우리가 플라톤 철학에 대한 글 읽기를 통해 발견하게 되는 가장 강렬한 이미지는 무엇보다도 훗날 모든 철학자들에게 그 전형이 되는 '철학함philosophein'의 이미지일 것이다. 사실 그의 철학함은 진지한 대화를 통해 끊임없이 진리를 탐구하는 자세와 이상 실현을 위해 노력하는 태도를 모두 갖추고 있기 때문에, 특히 현재의 우리 사회에서 지성인이 지녀야 할 태도의 전형archetypus이 될 수밖에 없다. 그가 어떻게 그러한 철학함의 태도를 지니게 되었는지는 그의 생애를 그의 철학적 사유와 연관지어 살펴볼 때 가장 잘 드러난다.

아테네 도시국가의 귀족 집안 출신인 플라톤(B.C. 428~348)은 자신이 생각하는 이상 정치의 실현을 위해 평생 동안 노력하였으나, 국내는 물론 국외에서도 모두 실패하게 된다. 그가 살아가면서 겪었던 중요한 사건들이 모두 그리스의 역사적 사건들과 평행을 이루었던 사실은 그의 철학적 사유의 방향을 결정짓는 데 결정적인 역할을 한다. 그의 철학적 사유 형성에 가장 큰 영향을 끼쳤을 것으로 판단되는 사건은 스파르타의 아테네 정복(B.C. 404), 스승 소크라테스의 죽음(B.C. 399), 국외에서의 이상 정치 실현의 두 번에 걸친 실패(B.C. 367, 361)일 것이다. 자기 동일성 내지 집단의 정체성이 해체되는 것을 느끼게 해주었을 그러한 경험을 염두에 두어야만, 우리는 비로소 그가 왜 그토록 구성원 전체가 조화를 이루는 이상 국가 형성에 심혈을 기울였고, 학문 이론도 모두 그러한 사회 형성을 위한 방법론 찾기에 주력하였으며, 그러한 노력의 기원으로 에로스 사상을 주장하였는지를 이해할 수 있게 된다. 이상 국가를 세우려는 그의 꿈은 현실에 대한 이성적 분석을 통한 객관적 방법론 찾기를 근거로 하면서, 단순히 꿈으로 끝나지 않고 하나의 독창적 철학 이론으로 완성된다.

앞에서 언급되었듯이 우리가 플라톤의 철학함을 건축에 비유한다면, 우리는 그의 근거지움 hypothesis 사상을 건축 작업의 기초 공사에, 체계화 정신을 설계도에, 측정술 metretike을 건축술에, 현실 개혁 내지 에로스 정신을 공사 작업 자체에 비유할 수 있다.

그렇다면 근거지움 사상이란 무엇인가? 그것은 만약에 A라는 현상의 원인이 A′에서 발견되었다면, A라는 현상이 그 밑에 hypo 놓여 있는 thesis A′ 때문에 일어난 것이라고 설명함을 의미한다. 논리학적으로 말해, 그것은 A라는 후건이 A′라는 전건에 근거하여 일어났다고 추론함을 의미한다. 바로 이러한 근거지움 정신은 우리가 일상생활 속에서 왜 어떤 행동을 특별히 선택하고, 어떤 견해를 진리라고 믿는지 그 이유를 설명하는 습관에서 발생한 것이다. 플라톤 철학 내지 그리스 철학이 갖는 중요성은 바로 우리가 삶 속에서 흔히 행하는 이러한 일상적 차원에서의 실용적 설명 습관을 인과율을 이용한 학문적 차원에서의 이론적 설명 습관으로 승화시켰다는 점에 있다. 그런데 학문적 차원에서의 근거지움 정신은 '그것이 참이라는 사실을 증명할 필요도 없이 자명한 원리 즉 공리axiomata'에서 출발하여, 자명하지 않은 것들을 그 자명한 원리들로 환원시켜 설명하는 수학 및 기하학의 증명사상과, 모든 존재자의 존재 근거를 하나 또는 여럿의 원리 속에서 찾는 존재론적 기초지움 사상의 토대가 된다. 바로 이러한 근거지움 정신에 입각하여, 플라톤은 처음부터 이데아·무규정자·공간·데미우르고스demiourgos 등을 가장 기본적으로 존재하고 있는 요소로서 전제하고 출발한다. 플라톤이 이러한 판단과 태도가 지니는 철학적 의미는 무엇인가?

플라톤은 종교적 입장이 아니라, 학문적 입장에서 모든 것을 설명하려고 했기 때문에, 무에서 출발하지 않고, 마치 기하학이 점·선·도형 등의 존재를 전제하고 나아가듯이, 앞서 말한 4가지 존재를 기본적으로 전제하고 출발한다. 논리적 관점에서 이것은, '그러한 기본적 요소들 자체는 어디에서 왔는가?'라는 문제를 해결하지 않고 출발하는 것이기 때문에, 선결 문제 미해결의 오류를 범하는 것처럼 보일 수도 있다. 그러나 이것은 '자명한 원리를 증명하지 않는 것'이 오류를 범하는 것이 아닌 것과 마찬가지이며, 오히려 '주어진 것data에서만 출발하는' 학문적 입장에 충실한 것이라 할 수 있다. 물론 이러한 태도는 형이상학적 차원에서 인간 인식의 근본적 유한성의 문제로 제기될 수 있다. 사실 '최초의 존재자들을 존재하게 만든 것이 무엇인가'라는 형이상학적 물음에 대한 답을 우리는 철학사 속에서 아리스토텔레스의 '부동의 원동자' 또는 중세 철학에서의 신 개념 속에서 발견할 수 있다. 그러나 이 두 개념 자체가 어디에서 왔는지를 따지면, 우리는 그 개념보다 더 근원적인 것을 한없이 전제해야 되는 '무한 소급regressus ad infinitum'의 딜레마에 빠지게 된다. 따라서 아리스토텔레스의 철학이든 중세 철학이든 모두 기본적인 것을 전제하고 출발함은 플라톤의 경우와 마찬가지라 할 수 있다. 바로 이러한 사실을 염두에 두어야만, 우리는 기본 요소들을 전제하고 출발한 플라톤의 태도가 학문적 탐구의 방법론 정립에 끼친 영향을 제대로 이해하게 된다. 그렇다면 그의 기본 요소들은 철학이라는 건축물을 세움에 있어, 어떠한 역할을 하고 있는 것인가?

본 번역서에서는 지면 관계상 여러 기본 요소들 중에서 본 작품의 주제인 에로스의 주체 즉 인간을 상징하는 데미우르고스에 대해서만 언급하고자 한다. 플라톤의 데미우르고스 Demiourgos는 일반적으로 '공작인(工作人, Homo faber)'에 대한 투사로 간주되어, 관례적으로 '우주를 만든 제작자 내지 조물주'로 번역된다. 사실 그리스어 demiourgos는 본래 '대상의 성질을 정확히 인식하고 특정의 기술로써 자신이 원하는 것을 만들어내는 장인(匠人)'을 의미하기 때문에, 그것이 대문자로 씌어질 경우, '우주를 만든 제작자 내지 조물주'로 번역되어도 크게 이상한 일은 아니다. 그리고 이러한 의미에서의 데미우르고스는 인간이 대상을 어떻게 인식해야 되는지, 그 방법을 명확히 보여주고 있다는 점에서 그 인식론적 가치를 지닌다. 그러나 플라톤의 데미우르고스는 이러한 의미 외에도 철학적 시각과 연관하여 훨씬 더 중요한 의미를 동시에 지니고 있다. 사실 데미우르고스는 다른 한편으로 '인민demos을 위하여 일하는 자ourgos' 즉 '집정관(執政官) 혹은 공직자'를 의미하기도 한다. 따라서 이러한 뉘앙스에서의 데미우르고스는 '주재신(主宰神)·통치신·질서 부여의 신'으로 번역됨이 타당하다.

그렇다면 플라톤은 왜 우주의 조물주를 지칭하기 위하여, 종교적 맥락에서 신을 뜻하는 Theos나 主를 뜻하는 Kyrios가 아니라, 정치적 맥락에서 제1계급에 속하는 집정관과 제3계급에 속하는 장인을 동시에 지칭하는 데미우르고스라는 용어를 사용하였는가? 그가 이러한 애매성을 지닌 용어를 의도적으로 선택한 배경을 추적해보면, 우리는 그 당시 그리스의 새로운 사회 체제 속에서 형성된 노동 개념 및 기술 중심적techne 세계관이 그의 철학 사상에 깊은 영향을 끼쳤음을 발견하게 된다. 사실 헤시오도스의 『일과 나날들』 속에 표현되어 있는 그리스인들의 노작ergon 개념은 오늘날 우리가 생각하고 있는 노동 개념과 전혀 다르다.

기원전 7세기까지의 그리스인들은 '절기에 맞춰 농작물을 가꾸는 일'을 고통스러운 육체적 노동이라기보다는, 대지모

(大地母) 여신이 주관하는 자연의 운행 질서에 참여하는 신성한 노작으로 생각했다. 헤시오도스에 따르면, 농사일은 농작물을 자라게 해주는 힘을 지닌 대지의 여신으로 하여금 그 생산의 능력을 현실화시킬 수 있도록 인간이 도와주는 작용으로 여겨진다. 바로 그 같은 이유에서, 농사일은 장인들의 일처럼 특별한 기술을 필요로 하는 것이 아님에도 불구하고, 장인들의 그것보다 훨씬 더 신성한 것으로 간주되었다. 즉 그리스인들은 노동을 최상의 효율성을 따지는 경제적 관점에서가 아니라 자연의 운행 질서에 동참한다는 종교적 관점에서 바라보았던 것이다. 그것은 마치 동양 문화권의 사람들이 사농공상의 가치 체계 속에서 농부의 일을 공인(工人)들의 일보다 더 가치 있는 것으로 여긴 것과 비슷하다. 이 같은 사실을 고려할 때에만, 우리는 그리스인들이 왜 천한 일을 하는 장인을 지칭할 때, 데미우르고스가 아닌 바나우소스banausos라는 용어를 사용하였었는지를 이해할 수 있게 된다.

무릇 인간이 한번 지니게 된 고정 관념은 사회가 변하여도 쉽사리 바뀌지 않는다. 고대 그리스에서 일반인이 장인에 대하여 지니고 있었던 고정 관념도 마찬가지였다. 즉 기원전 7세기경부터 그리스에서 인구 집중형 도시국가가 발달하면서 사회의 변화——노동의 분업화·전문화——가 일어났음에도 불구하고, 장인들에 대한 사회적 인식은 불변인 채로 남아 있었다. 그러나 플라톤은 일반인들과 다르게 장인들에 대하여 새로운 평가를 내린다. 그 이유는 그가 장인들의 능력과 노동을 폴리스polis라는 도시국가 전체의 안녕 및 복지에 필요 불가결한 것으로 판단하였기 때문이다. 사실 도시국가 안에서의 삶은 농경 사회의 자족적 삶과는 질적으로 다른 것이었다. 새로운 형태의 삶은 사회의 각 구성원들의 노동력의 상호 결합과 보완의 필요성을 대두시켰다. 그런데 그러한 형태의 삶은 인간에 대한 평가 자체도 새로운 관점으로 이끌었다. 즉 이제 인간은 타자와 관계를 맺을 필요가 없는 원자적 개인으로서가 아니라, 타자와 관계를 맺으며 사회 속에서 자신의 역할을 제대로 수행하는지 여부에 따라 그 존재론적 가치가 정해지게 되었다.

플라톤의 독창적 철학 정신은 인간에 대한 바로 이러한 새로운 인식에서 출발하게 된다. 물론 그의 인간관은 피타고라스의 종교적 인간관——정화된 영혼을 인간의 본질로 여기는 사유——과 소크라테스의 이성적 인간관——이성적 기능을 인간의 본질로 여기는 사유—— 그리고 소피스트들의 윤리주의적 인간관——사회의 질서 유지를 중시하는 사유—— 등을 용해시켜 새로이 정제시킨 인간관이라 할 수 있다. 플라톤의 이러한 새로운 인간관을 염두에 두어야만, 우리는 그가 왜 '각 구성원이 자신의 맡은 바 임무를 수행하여 전체가 조화를 이룬 상태'를 '제대로 된 상태' '가장 올바른 상태' 즉 정의dikaiosyne라고 규정하고 있는지를 이해하게 된다. 또한 그가 왜 우주론을 다루는『티마이오스』의 앞부분에서 인간 세계의 정치 제도를 다루는『국가론』의 핵심 사상을 요약하고 있는지도 이해할 수 있게 된다. 그것은 그가 우주 세계를 지배하는 원리가 인간 세계에서도 그대로 중첩되어 작용한다고 믿고 있기 때문이다. 이러한 믿음은 그리스의 신화 체계 속에서도 발견된다. 사실 제우스가 우주 전체에 대한 통치자의 역할은 하지만, 하위 단계의 전문적인 분야에 대한 통치는 하등신(下等神)들이 각각 맡도록 구성되어 있는 올림포스의 만신전 체계는 바로 이러한 기능주의적 사회관을 투사하고 있는 것이다. 여기에서 우리는 훌륭한 자aristos가 통치를 해야 한다는 의미에서의 귀족주의 aristocratia 신봉자인 플라톤이 장인들을 데미우르고스란 명칭으로 부른 것은 '공적(公的)으로 일하는 자'란 의미에서 부른 것이지, 단순히 '자신의 개인적 이익을 위하여 물건을 만들어 내는 자'란 의미에서 부른 것이 아님을 알 수 있다.

우리는 이러한 사실로부터, 데미우르고스가 플라톤 철학 안에서 차지하고 있는 위치가 무엇인지에 대하여 새롭게 인식하게 된다. 사실 플라톤은 데미우르고스 개념에 관하여, 그것을 호모 파베르Homo faber(공작인)에 대한 투사로서 보는 일반적 시각에 호모 폴리티코 프라티코 필로소피쿠스 Homo politico-pratico-philosophicus(정치적-실천적-철학인)에 대한 투사로서 보는 새로운 시각을 덧붙이고 있다. 그런데 우리는 그의 이러한 새로운 데미우르고스 개념과 조국을 잃은 철학자로서 겪었던 개인적 경험, 그리고 이상주의적 철학 성향 사이에는 밀접한 관계가 있음을 알 수 있다. 사실 그가 평생 동안의 과제로 삼았던 것은 시민polites 각자가 자신의 맡은 바 임무를 충실히 수행하여 전체적 질서가 유지되는 이상 사회에 대한 구현이었다. 그런데 이상적 사회는 사회 구성원 각자가 자신의 맡은 바 임무ergon를 개인적 행복을 위해서가 아니라, 나라 전체의 선을 위해 수행해야만 비로소 실현되는 것이다. 바로 그러한 이유에서, 그가 사용하는 데미우르고스는 문법적으로 한 개별자를 지시하기 위한 단수로서의 한 통치자 내지 장인을 지칭하는 것이 아니라, 각자의 맡은 바 임무를 수행하는 시민 집단 전체를 지시하는 대표적 단수로서의 시민을 지칭하고 있다.

이 같은 새로운 차원에서의 규정을 고려에 넣어야만, 우리는 데미우르고스가 '절대 무(無)에서 유(有)를 창조하는 절대적 창조주Pantokrator'가 아니라, 자기가 원하는 것을 만들어내기 위해 반드시 이데아를 직관하고 물질의 특성을 인식하는 과정을 거쳐야만 하는 유한한 능력의 제작자일 수밖에 없는 이유를 이해할 수 있게 된다. 데미우르고스가 지니는 이러한 유한성은 물론 그것이 종교적 차원의 신에 대한 투사가 아니라, 새로운 시민 사회에서 요구되는 인간 자체에 대한 투사이기 때문에 당연하다고 말할 수 있다. 그런데 우리는 바로 이 데미우르고스가 지닌 유한성 속에서, 유한성 일반에 대한 플라톤의 독특한 시각을 또 한번 발견하게 된다. 즉 플라톤에 따르면, 데미우르고스는 유한한 신이지만 본 작품에 나오는 에로스 신처럼 단순히 주어진 현실에 만족하는 것이 아니라, 완전한 것을 동경하고 그것을 현실 속에 실현시키기 위해 끊임없이 노력하는 신이다. 따라서 그는 이 세상의 모든 존재자들을 창조만 해놓고 한가로이 노니는 절대신 Deus otiosus과 다르게, 기존의 존재자들을 재료로 삼아 최상의 세계를 만들려고 바쁘게 노력하는 신 Deus studiosus 일 수밖에 없다.

최선의 세계를 만들어내야 하기 때문에, 데미우르고스는 무엇보다도 먼저 이 세계에 있는 모든 대상들이 지닌 성질을 정확히 인식해야만 한다. 그런데 대상은 무규정적인 것 apeiron이어서, 인간뿐만 아니라 신도 마음대로 어찌지 못하는 그 자신만의 고유한 성질을 지니고 있다. 따라서 인간 이성은 그 대상을 인식하기 위하여, 우선 명확히 설명할 수 있는 부분을 오려내어 horizein, 하나의 고정치로서 확정지어야 한다. (『티마이오스』에서 무규정적인 것 to apeiron에는 데미우르고스에 의해 설득되어지는 부분과 설득되어지지 않는 부분이 모두 있다고 한 묘사는 바로 이러한 작용의 필요성에 대한 비유적 표현이라 할 수 있다.) 그것은 한 대상의 고정된 모습이 기본적으로 확정되어야 비로소 우리가 그것에 대하여 판단과 언급을 할 수 있기 때문이다. 대상의 바로 이 고정화된 모습eidos을 플라톤은 이데아idea라 부른다.

플라톤의 이데아는 초기 작품에서는 '개별적 사물의 공통된 모습'으로, 원숙기의 작품에서는 '진정한 존재, 영원불변한 어떤 실체'로 규정된다. '개별적 사물의 공통된 모습'은 무엇을 의미하는가? 인간을 예로 들어보자. 우리는 인간이 무엇인지를 규정하기 위해, 학생·농부·사업가·정치가 등과 같은 특정의 사람에 대해서가 아니라, 그러한 사람들 모두에 공통적인 즉 일반적인 인간에 대해서 살펴보게 된다. 다시 말하면, 우리는 개별자로서의 인간이 아니라, 하나의 유적(類的) 존재로서의 인간이 지닌 특성을 규정함을 통해 정의 내리게 된다. 따라서 '개별적 사물의 공통된 모습'으로서의 이데아에 대한 규정은 보편자 개념to katholou을 통한 규정이고, 그러한 규정은 대상을 단순히 감각적 차원에서 한 번만 경험하고 흘려보내는 것이 아니라, 이성적 차원에서 개념 체계의 좌표를 통해 파악하고 정리해두려는 학문적 인식의 출발점이 된다.

그렇다면 우리는 이러한 의미에서의 이데아만, 즉 한 사물의 보편적 특성만을 알면 그 사물에 대해 완전히 인식하게 되는 것인가? 물론 그렇지 않다. 특수한 사물에 대한 완전한 앎은 그 사물의 이데아 즉 그 사물의 유개념에 대한 앎뿐만 아니라, 그 사물만이 고유하게 갖고 있는 개별적 특수성에 대한 앎도 동시에 지니고 있어야 한다. 사실 그의 초기 작품에 나오는 이데아에 대한 앎은 한 사물의 본질에 대한 학문적 차원에서의 앎은 제공해줄 수 있어도, 그것의 고유성까지 꿰뚫는 완벽한 앎은 제공해주지 못한다. 바로 이러한 이유 때문에, 플라톤은 그의 원숙기에 속하는 작품에서부터 개별자와 연관을 맺고 있는 이데아에 대해 주로 고찰을 하게 된다. 그런데 이러한 배경에서 나오게 된 새로운 차원의 이데아론은 이데아와 현상계에 대한 비유적 표현 때문에 철학사적으로 가장 심각한 오해를 받아왔다.

사실 이데아는 영원불변한 실체이고, 현상계의 개체는 그것의 그림자라는 비유적 표현은 그러한 비유가 지니는 진정한 의미를 모르는 일반인들에게는 잘못 이해되어질 수 있는 소지를 충분히 안고 있다. 인식론적 관점에서 볼 때, 이데아를 안다는 것은 하나의 대상을 학문적 인식 체계 속에서 그 대상이 속해 있는 유(類) 개념을 파악했음을 의미하는 것이고, 이데아의 그림자인 개별자를 안다 함은 이데아라는 보편적 성질과 함께하고 있는 개별자 자체의 고유한 특성에 대한 질적 앎을 의미하는 것이다. 따라서 그의 이데아론에는 보편자에 대한 개념적 파악과 개별적 특수성에 대한 내용적 파악을 동시에 해낼 수 있는 이중적 시선이 함께 작용하고 있다. 바로 이러한 사실을 깨달아야만, 우리는 그의 이데아론이 학문적 인식 체계에서 차지하는 진정한 의의를 알 수 있게 된다. 그러나 이러한 이데아론이라는 학문적 인식 체계를 통해 대상의 세계에 대해 정확한 인식을 할 수 있다 한들 그것을 바탕으로 현실을 개혁하려는 욕망을 갖지 못한다면, 그 인식은 아무런 효용성을 지니지 못한다. 바로 이러한 욕망 내지 욕구, 힘의 근원을 우리는 에로스 정신에서 찾아볼 수 있는 바, 본 역자는 이 정신이 철학적으로 어떠한 의미를 지니는지는 독자들이 본 작품에 대한 글 읽기를 통해 직접 찾는 기쁨을 누릴 수 있도록 독자의 몫으로 남겨 놓고자 한다.

2003년 5월
竹爐이 깃든 慕賢의 연구실에서
박희영

차례

옮긴이 서문
철학적 세계로의 입문 / 7

일러두기 / 32

향연 / 37

옮긴이 주 / 176

옮긴이 해설
철학적 사유의 문화적 조건 / 193

■ 일러두기

1. 본문에서 난외에 표기되어 있는 172a, b, c, 193d, e,와 같은 숫자들은 플라톤의 대화편 원전을 인용할 때 함께 표기하기로 국제적으로 약속되어 있는 '스테파누스 판본에 명기되어 있는 쪽수(Stephanus pages)'를 가리킨다. 플라톤의 전 작품이 서구 세계에 처음으로 알려진 것은 1483~84년에 이탈리아인 마르실리오 피치노 Marsilio Ficino(1433~1499)에 의해서이고, 처음으로 인쇄본이 나온 것은 1534년이다. 그러나 스테파누스 판본은 프랑스인 앙리 에스티엔 Henri Estienne(1531~1598. Stephanus는 Estienne의 라틴어식 표기)이 1578년에 '플라톤 전집'을 세 권의 폴리오 folio 판으로 편찬한 것이다. 이 판본의 특색은 첫째로 플라톤의 전 작품을 연속적으로 쪽수를 매기고 있다는 점과, 둘째로 각 면을 두 개의 난으로 나눈 다음, 오른쪽에는 그리스어 원문을, 왼쪽에는 라틴어 번역문을 싣고 있고, 각 면의 내용을 그 분량상 약 다섯 블록으로 나눈 다음, 그것들을 a, b, c, d, e의 기호들로 양쪽 난의 중앙에 표시하

고 있는 점이다. 본 역주서에서 표기하고 있는 숫자도 바로 이 표기법을 따른 것이다. 그리고 본 역주서의 기본 대본이 되고 있는 파리의 뷔데Budé 판과 옥스퍼드의 버넷Burnet 판도 이 표기법을 따르고 있다. 그러나 본 역주서에 나오는 한국어 번역은 그리스어 본문 자체의 한 행이 나누어지거나, 한국어와 그리스어의 어순 차이로 인하여, 그 위치가 정확히 일치하지 않을 수도 있다.

2. 등장인물 및 고유 명사의 발음은 그리스어 발음가대로 한국어로 옮겼으며, 원문을 표기하는 경우 일반인을 위하여 그리스어가 아닌 라틴어로 표기하였다.

3. 본문 내 소제목과 주석은 역자가 독자를 위하여 부친 것으로, 원문에는 없는 것임을 밝힌다.

[이야기의 출처] 아리스토데모스
[장소] 아가톤의 집
[시기] B. C. 400년경
[등장인물]
아폴로도로스 소크라테스의 추종자로서 특히 소크라테스가 법정에 섰을 때 그를 지지한 친구들 중의 한 사람이다. 그는 본래 비종교적인 사람이었으나 소크라테스에 의해 개종되었고, 소크라테스의 견유학파(犬儒學派)적 측면을 특히 좋아하여 항상 맨발로 다닌 것으로 유명하다. 본 작품에서 이야기를 하는 주체자로서, 아리스토데

모스에게서 들은 이야기를 자기의 친구들에게 전해주고 있다.
그의 친구(들) 주로 부자인 상인 계급의 친구들.

〔이야기 속의 등장인물들〕
아리스토테모스 소크라테스의 찬미자.
파이드로스 소크라테스적 성격을 지닌 철학자. 소크라테스의 제자는 아니었지만, 그를 숭상하고 따르는 집단의 한 사람이었다.
파우사니아스 수사학자.
아리스토파네스 그리스의 가장 유명한 희극 작가로서 그의 작품 11편은 현재에도 남아 있고, 그외의 32편은 그 제목만 남아 있다.
에릭시마코스 의사.
아가톤 아이스킬로스, 에우리피데스, 소포클레스 등의 3대 비극 작가 다음으로 가장 유명한 비극 시인으로서 티사메누스의 아들이자, 개인적 아름다움으로 널리 알려진 그는 30세 때(기원전 416) 레나에아 비극 경연 대회에서 처음으로 우승하였다. 그는 고르기아스와 프로디코스와 같은 소피스트의 영향을 받아 비극 작품에서도 노골적으로 빗대 이야기한다거나 경구적으로 비유하는 문체를 즐겨 사용하였다. 특히 극중 인물과 이야기 구성을 전설에서 따온 것이 아니라, 스스로 창작해내고 반음계와 다양하고 화려한 음형(音型)을 사용한 것으로 유명하다.
소크라테스 철학적 탐구의 대상을 자연적 영역에서 인간 및 사회의 영역에까지 확장시키고 내면 세계에 대한 탐구를 통한 지덕합일(智

德合一) 사상을 실천하며 보편 개념에 의해 정의 내리는 방법을 정초시킴으로써 그리스 철학의 기초를 확립한 철학자이다. 단순 조각가인 아버지와 달리 돌이나 청동 대신 젊은이를 재료로 하는 정신적 조각가로서 가장 인간다운 인간을 조각해내려는 그의 철학 정신과, 대화자 스스로가 자신의 무지를 깨닫도록 이끄는 산파술로서의 대화법을 이용하는 그의 철학 작업은 본 작품 곳곳에서 잘 드러나고 있다.

디오티마 만티네이아 출신의 전설적인 여사제로서 소크라테스의 스승이다. 그녀가 주장하는 사랑의 형이상학에 대한 플라톤의 허구가 사실에 기초한 것인지에 대한 증거는 불확실하다.

알키비아데스 클레이니아스의 아들로서 그의 후견인 페리클레스 가정에서 양육되었고, 후에 유명한 정치가 및 군 지휘관이 되었다. 소크라테스의 제자이자 그와 특별히 친한 친구였으나, 개인적 야망과 사생활의 문란함 때문에 아테네인들로부터 많은 비난을 받았다.

들어가는 말

아폴로도로스: 나는 자네들이[1] 알고 싶어 하는 것에 대해 말해줄 준비가 제법 되어 있다고 생각하네. 실은 최근 어느 날 내가 살고 있는 팔레론[2]으로부터 도심으로 올라가고 있을 때, 한 친구가 멀리 뒤에서 나를 알아보고는 호칭을 가지고 장난을 치면서[3] 나를 불렀다네.

"오! 팔레론 구민, 아폴로도로스라 불리는 이 사람, 나 좀 기다려주게나!"

그래서 나는 그 자리에 서서 기다렸다네. 그러자 그 친구는 말하길,

"아폴로도로스여! 그렇지 않아도 나는 방금 전까지도 자네를 찾고 있었다네. 왜냐하면 나는 아가톤과 소크라테스님, 알키비아데스, 그리고 그때 함께 식사하였던 다른 여러 사람

들의 모임에서 무슨 이야기가 오고 갔는지, 특히 사랑에 대해 어떤 이야기들이 오고 갔는지를 알고 싶으니까 말일세. 실은 어떤 사람이, 필립포스의 아들인 포이닉스에게서 들었다고 하면서 나에게 그 모임에 대해 이야기해주었다네. 그러면서 그는 자네도 그 사실을 알고 있다고 말하더군. 그렇지만 그 친구는 정확한 내용에 대해서는 말하지 못했다네. 그러니 자네가 나에게 이야기를 해주게나. 왜냐하면 자네 친구가 한 말들을 자네가 이야기해주는 것이 가장 올바를 것 같으니 말일세. 우선 나에게 말해보게. 자네는 바로 그 모임에 참석했었는가, 아니면 참석하지 않았었는가?"

c   그 물음에 대해 나는 다음과 같이 대답했다네.

"자네에게 말을 전한 그 사람은 분명한 것은 아무것도 말하지 않은 것 같네. 자네 자신도 그 모임이 내가 참석할 수 있을 만큼 그렇게 최근에 일어났다고 생각하고 있으니 말일세!"

그가 말했지. "나도 물론 그렇게 생각하고 있다네!"

그래서 나는 "글라우콘이여, 자네는 어디에서 그런 말을 들었나? 자네는 아가톤이 여기에서 여러 해 동안 살고 있지 않았다는 사실을 모르는가? 그리고 내가 소크라테스님에게서 사사를 받으며, 매일 그의 곁에서 그가 무엇을 말하고 행동하는지를 알기 위하여 노력을 기울인지 3년도 되지 않았다는 사실을 모르는가? 그전까지는 나도 모든 일을 닥치는 대로 상관하며 바쁘게 살았었다네! 마치 어떤 대단한 일을 하며 산다고 여기면서 말일세. 그런데 실제로는 무슨 일을 하든, 그 일이 지혜를 탐구하는 일보다는 분명히 더 나을 것이라고 생각하고 있는 지금의 자네처럼, 나는 다른 어떤 사람보다도 훨씬 어리석었던 것 같네!"라고 말했다네.

그러자 그가 말했다네. "조롱만 하지 말고, 그 모임이 언제 있었는지만 나에게 말해주게!"

그래서 내가 대답했지. "우리가 아직 어린아이였을 때, 아가톤이 그의 첫 작품으로 비극 경연 대회에서 우승하여 합창단원들과 함께 신에게 감사의 제물을 올리며 축하연을 열었던 날 바로 다음 날이었다네!"

"그렇다면 그것은 매우 오래된 일인 것 같구먼! 그러나 누가 그 사실을 자네에게 이야기해준 것인가? 소크라테스님 본인인가?"하고 그가 물었지.

"맙소사, 소크라테스님이 아니라" 나는 말하길, "포이니코스에게 말해준 바로 그 사람이라네. 아리스토데모스라 불리는 그 사람은 쿠다테나이에우스 구민(區民)으로서 키는 작고, 언제나 맨발로 다닌다네. 그 모임에 참석했던 그 사람은 그 당시 소크라테스의 열성적인 추종자들 가운데 한 사람인 것으로 보이더군! 물론 확실하게는 아니지만 나는 그로부터 들은 몇 가지에 대하여 소크라테스님께 직접 물어보았었는데, 선생님은 그가 나에게 이야기해준 내용이 정확한 것이라고 인정하셨다네!"

그러자 그가 말했지. "자네는 그것을 나에게 이야기해주지 않겠는가? 게다가 성벽으로 올라가는 길은 산보하는 사람들이 서로 말을 주고받기에 매우 적합한 장소이기도 하니까 말일세!"[4]

c 이리하여 우리들은 걸어가면서 그 일에 대해 서로 이야기를 나누게 되었다네. 사실 처음에 내가 말했던 것처럼, 그때 나는 이야기할 준비가 어느 정도 되어 있었으니까 말일세. 따라서 자네들에게도 이야기를 해주어야만 한다면, 내가 이야기해주어야 마땅할 것 같네. 게다가 적어도 나는, 내 자신이 이야기를 할 때이든 다른 사람의 이야기를 들을 때이든 간에, 철학에 관한 문제를 이야기하거나 들을 때면, 그 유용성을 전혀 따지지 않고, 최상의 기쁨을 누리는 사람이니까 말일세. 반면에 다른 종류의 사람들 특히 자네들 같은 부자들이나 상인들의 말을 들을 때에는 나 자신이 고통을 느낀다네. 실제로 나는 어떤 가치로운 일을 행하지도 않으면서 자신들이 대단한 일을 하고 있는 것처럼 착각하고 있는 자네들을 불쌍하게 여긴다네. 비록 자네들이 나의 친구이지만 말일
d 세. 어쩌면 자네들은 오히려 나를 불행한 사람으로 생각할걸세. 물론 자네들의 그러한 생각이 맞는지도 모르지. 그렇지만 나는 자네들에 관한 한 그렇게 생각하지 않는다네. 왜냐하면 나는 자네들에 대해 잘 알고 있으니까 말일세!

친구: 아폴로도로스여! 자네는 언제나 똑같네 그려. 왜냐하면 자네는 항상 자네 자신뿐만 아니라, 다른 사람들에 대해서도 나쁘게 이야기하니 말일세. 자네는 소크라테스님 이외의 자네를 포함한 다른 사람들에 대해서는 모두 무조건 비천하다고 생각하는 것 같네 그려. 그런데 자네가 어디에서 '나약한 자'라는 별명을 얻게 되었는지, 그 이유를 모르겠네. 사실 자네는 일단 말하기 시작하면, 언제나 소크라테스님을 제외한 자네 자신과 다른 모든 사람들에게도 적대적인 사람이 되어버리니까 말일세!

아폴로도로스: 나의 가장 친한 벗이여! 나 자신뿐만 아니라 자네들에 대해서도 그렇게 생각하기 때문에, 내가 판단력이 모자란 바보로 여겨지는 것은 분명한 것 같네!

친구: 아폴로도로스여, 그러한 문제를 놓고 우리가 지금 논쟁할 필요는 없지 않은가? 그러니 자네는 우리가 요구했던 대로 피하지 말고, 그 논의되었던 것들에 대해서나 말해주게나!

아폴로도로스: 오고 간 논의들은 다음과 같은 내용들이네만, 처음 부분은 아리스토데모스가 말했던 그대로를 옮기고, 그 다음에는 내 방식으로 자네들에게 다시 말해보는 것이 좋을 듯싶네!

서막: 아가톤의 저택에서 열린 향연

아리스토데모스의 이야기는 다음과 같은 것이라네. 그가 얼굴을 깨끗이 하고 좋은 신발[5]을 신은 소크라테스님을 만나게 되었을 때—사실 소크라테스님이 그렇게 치장하고 나서는 일은 예외적인 일이라네—그에게 그렇게 훌륭하게 차려 입고 어디를 가시느냐고 물었다는군.

소크라테스님이 이렇게 말씀하셨다네. "아가톤의 집에 저녁 식사를 하러 간다네. 사실 나는 어제 있었던 아가톤을 위한 축하연에서는 대중들에 대한 두려움 때문에 그에게 인사도 못 하고 떠났었거든. 그 대신 오늘의 초대에는 응하기로 했었다네. 그래서 이렇게 잘 차려 입은 것이라네. 아름다운 사람의 집을 방문하려면 방문자도 어느 정도 아름다워야 하지 않겠는가? 그건 그렇고, 자네는 초대받지 않았지만, 그 만찬에 가는 것에 대해서 어떻게 생각하는가?"

b

그러자 아리스토데모스는 답했다네. "선생님께서 권하시는 대로 하겠습니다."

"그러면 나를 따라 오게나! 그렇게 함으로써 우리는 '비록 초대를 못 받았어도 훌륭한 사람들은 훌륭한 사람들의 연회에는 자발적으로 가도 된다'[6]고 속담을 뒤집어보도록 하세. 사실 호메로스도 이 속담을 깨뜨렸을 뿐만 아니라, 조롱까지

하지 않았는가? 왜냐하면 호메로스는 아가멤논을 전쟁에 관련된 모든 일을 훌륭히 처리할 수 있는 사람으로, 메넬라오스를 나약한 창병(槍兵)으로 묘사하고서는, 아가멤논의 집에서 신에 대한 제사와 함께 베풀어진 연회 석상에 초대받지 않은 메넬라오스를 오도록, 즉 비천한 자를 훌륭한 사람들의 연회에 오도록 만들었기 때문에 말일세."

이 말을 듣고서 아리스토데모스는 다음과 같이 이야기했다더군. "소크라테스여! 선생님께서 말한 대로가 아니라, 호메로스식으로 행동할지 모르겠습니다. 즉 저는 형편없는 사람인데다 초대도 받지 못했으면서, 현명한 사람의 연회에 가는 셈이 되니 말입니다. 내키지는 않으나 어쨌든 저는 선생님께서 초대하셔서 방문했다고 말할 테니, 저를 이끌고 가는 선생님께서 그에게 무엇이라고 변명해야 할지 한번 생각해 보시지요."

소크라테스님이 말했지. "'둘이 함께 길을 가면 한 사람이 보는 것보다 훨씬 낫다'는 속담도 있지 않은가?[7] 그러니 우리 둘이서 어떻게 말해야 좋을지 묘안을 짜보도록 하세! 어쨌든 가보세나!"

이 같은 것들이 소크라테스님과 자신이 걸어가면서 주고받은 이야기들이라고 아리스토데모스는 말했다네. 그런데 소크라테스님은 길을 따라 걸으면서 무엇인가를 골똘히 생각하고 계셨기 때문에 뒤에 처지게 되셨다네. 그가 그분을 기다리자, 그분은 그에게 먼저 가라고 권하셨다네. 아가톤의 집에 도달하였을 때, 그는 대문이 활짝 열려 있는 것을 발견하였고, 바로 그곳에서 어떤 재미있는 경험을 하게 되었다고 말하더군. 왜냐하면 한 시동이 바로 문까지 마중 나와서, 그를 다른 사람들이 누워 있는 와상[8]으로 안내하였는데, 그때 다른 사람들은 막 식사를 시작하려는 참이었고, 그를 본 아가톤이 재빠르게 다음과 같이 말했기 때문이라네.

e

"오! 아리스토데모스여! 자네는 우리와 함께 식사하기에 매우 적절한 때에 왔네. 자네가 무슨 특별한 이유 때문에 왔다고 할지라도, 그 이유에 대한 설명은 다음 기회로 미루도록 하세. 사실 나는 어제 자네를 초대하기 위해 찾았었는데, 자네를 발견할 수가 없었다네. 그런데 자네는 왜 소크라테스님을 모시고 오지 않았는가?"

그 말을 듣고서 그가 주위를 돌아보았지만, 그를 따라오던 소크라테스님은 어디에도 보이지 않았다지 뭔가? 그래서 그는 그 자신이 소크라테스님에 의해 이 식사에 초대를 받고, 그와 함께 여기까지 왔노라고 말했다네.

175

그러자 아가톤이 말했지. "그것 참 잘한 일일세! 그러나 도대체 선생님은 어디에 계신건가?"

아리스토데모스는 "방금까지 선생님은 내 뒤에서 따라 오셨었는데, 나 자신도 도대체 그분이 어디에 계신지 궁금해하고 있다네!"라고 답했다네.

아가톤이 시동에게 말했다네. "얘야! 너는 소크라테스님을 찾아보지 않고 무엇을 하는 게냐? 그분을 얼른 찾아서 이쪽으로 모시고 오너라! 그리고 아리스토데모스여! 자네는 에릭시마코스 옆의 와상에 자리를 잡게."

그래서 한 시동이 아리스토데모스가 와상에 누울 수 있도록 그의 발을 닦아주고 있을 때, 다른 시동이 와서 다음과 같이 전했다네. "바로 그 소크라테스 선생님은 이웃집 처마 밑에 홀로 서 계십니다. 그런데 제가 불렀음에도 불구하고, 그분은 들어오시려고 하지 않는데요!"

아가톤이 말했네. "너는 이상한 말도 다 하는구나. 얼른 가서 선생님께 들어오시라 다시 한 번 말씀드려라. 절대로 그분이 떠나시게 해서는 안 된다!"

b

그러자 아리스토데모스가 말했다네. "제발, 그러지 말고 그분이 그대로 계시도록 하게! 왜냐하면 그분은 가끔 어디에서든지 그저 혼자 조용히 서 계시는 습관을 갖고 계시니까 말일세! 내 생각에 그분은 조금 있다 들어오실 것이네! 그러니 그분을 방해하지 말고 그대로 놔두시게!"

"그렇다면 그렇게 하도록 하겠네. 자네가 그렇게 하는 것이 좋겠다니까 말일세!" 아가톤은 그렇게 말했다네. "그렇지만 시동들아! 너희들은 여기 있는 우리들을 위해서는 식사 준비를 해주어야지? 여보게들! 시동이 어쩌다가 자네들 옆에서 시중을 못 들어줄 때가 있더라도, 신경쓰지 말고 언제든지 자네들이 원하는 대로 알아서 들게나. 나는 그런 일을 한 번도 그리 해본 적은 없지만 말일세. 그러므로 당분간은
c 우리들 스스로가 서로 초대되었다고 생각하면서, 서로를 칭찬할 정도로 돌봐주세나."

그 다음에, 아리스토데모스는 계속하여 말하길, 그들은 식사를 시작했는데, 소크라테스님은 그때까지도 들어오시지 않았다고 하네. 그래서 아가톤은 여러 번 하인을 시켜 소크라테스님을 모셔 오려고 했으나, 그때마다 그가 그렇게 하지 못하도록 했다네. 결국 보통 때에 비해 길지 않은 시간을 보내고서 소크라테스님은 들어오셨는데, 그때 대부분의 사람들은 한창 식사를 즐기고 있는 중이었다네.

그러자 아가톤은——그때 그는 맨 끝의 와상에 혼자 누워
d 있었다네——"소크라테스여! 이쪽 저의 옆자리에 앉으시지요. 제가 선생님과의 접촉을 통해 선생님께서 이웃집 문 앞에서 떠올렸던 그 현명한 생각을 활용할 수 있도록 말입니다. 사실 선생님은 문제의 답을 발견하셨고, 지금도 그 답을 간직하시고 있음이 분명하니까 말입니다. 왜냐하면 선생님께서는 답을 찾기 전에는, 그 자리를 떠나지 않으셨을 테니까요"라고 말했다네.

그러자 소크라테스님은 드디어 자리에 앉았고, 다음과 같이 말했다네. "아가톤이여! 만약에 지혜라는 것이, 마치 물이 양모를 통해 물이 가득 찬 잔에서 비어 있는 잔으로 흘러

가듯이,[9] 우리의 접촉을 통해 더 충만된 곳으로부터 더 비어 e
있는 곳으로 흘러갈 수만 있다면 얼마나 좋겠는가? 만약에
지혜가 이와 같은 성질의 것이라면, 나는 자네 옆에 누워 있
다는 사실 자체를 매우 소중하게 여길 것이네. 상상컨대 나
는 자네로부터 많은 훌륭한 지혜를 흡수하여 그것들로 채워
질 것이니까 말일세. 사실 나의 지혜가 보잘것없는 것이어
서, 마치 꿈속에 있는 것처럼 불확실한 데 비하여 자네 지혜
는 빛을 뿜어낼 뿐만 아니라, 앞으로도 훨씬 더 발전할 가능
성을 지니고 있지 않나! 적어도 자네의 지혜는 일찍부터 그
렇게 찬란하게 빛났었고, 엊그제는 3만 명 이상의 그리스인
들이 지켜보는 가운데 그 사실이 명백하게 증명되지 않았었
는가?"

아가톤이 말했다네.

"소크라테스여, 너무 지나치십니다. 어쨌든 지혜의 문제에
대해서는 선생님과 제가 조금 후에 디오니소스를 심판관으
로 모시고, 누가 옳은지 판가름을 내도록 하고,[10] 우선 당장
은 무엇보다도 먼저 식사에 신경을 쓰시지요."

향연의 규칙과 예정표: 사랑에 대한 찬가

그 다음에, 아리스토데모스는 말하길, 소크라테스가 와상 176
에 자리를 잡고 식사를 시작할 무렵, 다른 사람들도 각자 헌

주를 하고 신에 대한 찬양의 노래를 부르고 있었다네. 그리고 다른 관행적 예식들을 올린 다음 그들은 술을 마시기 시작하였다네.

그런데 파우사니아스가 다음과 같은 말로 먼저 시작하였다네. "자! 여보게들! 우리가 어떤 방식으로 술을 마셔야 가장 편안하게 마실 수 있겠나? 사실 솔직히 말하면 나는 어젯밤 과음으로 정말로 몸이 찌뿌드드한 처지여서, 오늘은 술 마시는 일을 조금 자제했으면 싶어서 말일세. 자네들 대부분도 나와 같은 생각일 걸세. 자네들도 어제 술자리에 참석했었으니까 말일세. 그러니 자네들도 우리가 어떻게 하면 편안하고 기분 좋게 술을 마실 수 있는지 그 방법을 찾아보도록 하게."

b 그러자 아리스토파네스가 말하였다네. "파우사니아스여! 어떤 방식으로든 가장 부담을 안 주는 방식으로 술을 마시자는 자네 말에는 매우 일리가 있네! 사실 나 자신도 어제 술에 곯아떨어진 사람 중의 하나이니까 말일세!"

그러한 이야기를 듣고서 아쿠메노스의 아들 에릭시마코스가 입을 열었다네. "정말로 좋은 생각이군! 그렇지만 나는 자네들 중의 한 사람으로부터 더 들어보았으면 좋겠네. 아가톤이여! 자네는 술 먹을 기운이 남아 있는가?"

아가톤이 대답했네. "천만에! 나도 기력이 없다네!"

그러자 에릭시마코스가 답했다네. "술이 가장 센 자네들조

차 술을 마시지 않겠다고 하니 오늘 이 모임은 나 자신을 비 c
롯하여 아리스토데모스, 파이드로스, 그리고 여기 있는 사람
들에게 아주 좋은 기회가 될 것 같네. 사실 우리들은 항상 술
이 약하지 않은가. 그렇지만 나는 소크라테스님만은 예외로
치겠네. 왜냐하면 이분은 술을 마시든 마시지 않든 어떤 경
우에도 끄떡없어서 우리가 어떤 결정을 내려도 이분에게는
상관이 없을 것이니까 말일세. 어쨌든 여기 참석한 사람 중
어느 누구도 적극적으로 포도주를 많이 마시고 싶은 기분에
젖어 있는 것 같지는 않아 보이니, 내가 술 취하는 것에 관하
여 입바른 말을 좀 한다 해도 아마 자네들은 그리 불쾌해하 d
지 않을 걸세. 나는 숙취가 사람들에게 매우 나쁘다는 사실
이 의학적으로 명백하게 밝혀졌다고 믿고 있다네. 그래서 나
자신은 술을 지나치게 마시고 싶지도 않고, 다른 사람에게
그렇게 마시라고 권하고 싶지도 않다네. 특히 전날의 과음으
로 머리가 무거울 때는 말해 무엇 하겠나."

그때 미리누시오스 구(區) 출신의 파이드로스가 그 다음
말을 이어받아 말했네. "나는 적어도 자네가 의술에 관하여
이야기할 때면 그것이 어떤 것이든 쉽게 믿는 버릇을 갖고
있다네. 그런데 오늘은 다른 사람들조차도 상황을 현명하게
고려한다면 나처럼 자네 말을 쉽게 믿을 걸세."

이리하여 모든 사람들은 그날의 모임에서는 술을 취할 정 e
도로 많이 마시지 않고, 자기 능력껏 즐거울 정도로만 마시

기로 합의를 하였다네.

에릭시마코스가 이야기했다네. "자, 그러면 어떠한 강요도 받지 않고 각자가 원하는 만큼만 마시는 것이 좋겠다고 동의했으니, 나는 방금 들어온 풀루트를 연주하는 여인은 내보내고—자기 자신을 위해 연주를 하든, 그녀가 원한다면 안채의 여자들을 위해 연주를 하든— 오늘은 우리끼리만 대화를 나누면서 연회를 즐기자고 제안하는 바이네! 그리고 자네들이 원한다면, 어떤 종류의 대화를 할 것인가에 대해서도 내가 제안을 하나 하고 싶네."

177 그 말에 모든 사람들은 동의했고, 에릭시마코스에게 그 주제에 대하여 제안을 해보라고 했다네.

그래서 에릭시마코스는 다음과 같이 말했다네. "내 말의 첫 부분은 에우리피데스의 작품에 나오는 멜라니페의 말을 따른 것이라네! 즉 *내가 말하려는 것은 내 이야기가 아니라*,[11] 여기 있는 파이드로스의 이야기라네. 사실 파이드로스는 기회만 있으면 나에게 흥분하여 다음과 같이 말하곤 했었

b 다네. '에릭시마코스여! 과거의 위대한 시인들이라면 누구나 다른 신들을 위해서는 찬가나 송가들을 지은 반면에, 그렇게 위대하고 훌륭한 에로스를 찬양하는 노래를 짓지 않았다는 사실은 놀라운 일이 아닌가? 그리고 가령 자네가 소위 유익한 사람이라는 소피스트들을 살펴보아도, 가장 뛰어나다는 프로디코스가 그랬듯이, 헤라클레스나 다른 사람들에

대한 칭송을 산문 형식으로 쓴 것밖에는 그 어떤 것도 찾을 수 없을 것이네. 그렇지만 그것은 놀랄 일도 못 되네! 내가 우연히 본 어떤 현명한 사람[12]이 지은 책 속에서는 소금마저도 그것이 지니고 있는 유용성 때문에 훌륭한 칭찬의 대상이 되고 있었기에 말일세! 그외에도 그와 같은 종류의 수많은 것들이 칭송받고 있음을 자네는 이미 보았을 걸세. 그런데 그런 종류의 것들을 칭찬하기 위해서는 많은 노력을 기울이면서도, 여태 어느 누구도 용감하게 에로스를 정당하게 찬양하는 시를 쓴 적은 없지 않은가? 진정으로 중요한 신은 오히려 이런 식으로 무시되어 온 셈이지.' 이 점에 대해서 파이드로스는 제대로 이야기했다고 나는 생각하네. 그래서 나는 이 신을 위해 음식을 바칠 뿐만 아니라 감사도 드리고 싶다네.

그리고 또한 나는 지금이라도 여기 있는 우리들이 이 신에게 존경을 표하는 것이 도리에 맞다고 생각하네. 따라서 만약에 자네들 모두가 에로스에 대해 이야기하는 것에 찬동한다면, 우리는 충분한 논의거리를 가지고 오늘의 모임을 보낼 수 있을 것 같네. 사실 나는 우리들 각자가 에로스에 대하여 오른쪽에서 시작하여 왼쪽 방향으로 돌면서 가능한 한 가장 훌륭하게 말할 필요가 있다고 생각하네. 파이드로스가 제일 먼저 시작하는 것이 좋을 것 같은데, 그 이유는 자네가 제일 첫번째 자리에 앉아 있을 뿐만 아니라, 또한 이 말을 시작한 장본인이기 때문이네."

e 그러자 소크라테스님께서 말씀하셨다네. "에릭시마코스여! 아무도 자네 제안에 반대하지는 않을 걸세! 에로스에 관한 것 외에는 아무것도 모른다고 말하는 나 자신도, 아가톤이나 파우사니아스도, 디오니소스와 아프로디테에 온 정신을 다 쏟고 있는 아리스토파네스도, 내가 여기서 볼 수 있는 사람들 중에서 다른 어느 누구도 아마 반대하지 않을 것이네. 그렇지만 우리는 끝자리에 앉아 있으니 그리 평등한 조건은 아니구먼. 그러나 만약에 먼저 이야기한 사람들이 충분히 그리고 훌륭하게 이야기한다면 우리들에게는 그것보다 더 좋은 일이 없을 것이네. 우리는 그것으로 만족하겠네. 그러니 우리는 파이드로스가 말문을 열고, 에로스를 찬양함에 있어, 그에게 좋은 행운이 깃들도록 기원하세!"

이 말에 대해서 다른 모든 사람들이 동의를 하였고, 소크라테스님이 그랬던 것처럼 그를 격려하였다네.

178 물론 각각의 사람이 말한 것 모두를 아리스토데모스가 완전하게 기억해내지 못했고, 나 또한 그가 말했던 것 전부를 기억하지는 못한다네. 따라서 그 자리의 사람들이 한 말 중에서 내가 생각하기에 기억할 만한 가치가 있다고 느껴지는 것들만을 자네들에게 말해주겠네.

제1부: 비철학적 개념들

내가 앞에서 이야기하였듯이, 아리스토데모스에 따르면, 제일 먼저 말을 시작한 사람은 파이드로스였는데, 그의 말은 다음과 같은 부분에서부터 시작되었다네.

파이드로스의 이야기: 신화와 전통

그가 말했네. "에로스는 위대한 신이고 인간과 신들에게 모두 경이로움을 불러일으키는 신인데, 다른 여러 면에서도 그렇지만 특히 그의 탄생에 관한 이야기가 더욱 그러하다네."

그는 계속해서 말했네. "에로스가 신 중에서도 가장 오래 된 신이라는 사실은 영광스러운 일이네! 그러한 사실의 증거는 에로스의 탄생에 관한 이야기가 어떠한 일반인들의 구전이나 시인의 노래 속에서도 발견되지 않음에서 찾아볼 수 있다네! 그러나 헤시오도스는 카오스가 제일 먼저 생겨났고,

> 그 다음에 만물의 영원한 안식처인 넓은 가슴을 지닌 大地의 여신 가이아, 그리고 에로스.

이렇게 그는 카오스 다음에 가이아와 에로스 두 신이 생겨났다고 말한 셈이지. 그런데 파르메니데스는 이 신의 생성에 대해 다음과 같이 말했었다네.

정의의 여신은 에로스를 모든 신들 가운데 가장 먼저 태어나게 하였노라.

c 아쿠실레오스도 또한 그러한 사실에 대해 헤시오도스와 동의를 하였다네. 이렇게 여러 문헌들은 에로스야말로 가장 오래된 존재자 중의 하나라고 한결같이 말하고 있다네!

에로스는 가장 오래된 신이면서, 다른 한편으로 우리에게 최상의 선(善)의 근원이기도 하다네! 사실 나는, 젊었을 때부터 고결한 연인을 갖는 것, 그리고 그 연인의 사랑을 받는 것보다 더 중요한 것이 있는지 의문이었다네. 인생을 훌륭하게 살고자 하는 사람에게 전 생애를 통해 그 삶으로 인도해주는 원리, 즉 삶을 그렇게 훌륭하게 만들어줄 원리는 가족이나 명예, 재산도 아닌 바로 이 사랑이기 때문이네.

d 그런데 우리를 훌륭한 삶으로 인도해줄 이 원리는 무엇이겠는가? 그것은 비천한 행위들에 대해서는 수치스러워하고, 훌륭한 행위들에 대해서는 존경심을 나타내는 것이 아니겠나? 왜냐하면 이러한 수치심과 존경심 없이는 어떠한 국가나 개인도 위대하고 훌륭한 업적을 남길 수 없을 것이니 말

일세. 내가 말하고자 하는 것은, 만약에 누군가를 사랑하는 사람이 어떤 수치스러운 행동을 했거나 다른 사람한테서 수치스러운 일을 당하고도 용기가 없어서 자기 방어조차 못한 사실이 명백하게 밝혀졌을 때,[13] 그리고 그 사실이 아버지나 친구 또는 그외의 어떤 사람에게 보여지는 것보다 자신의 연인에게 보여질 때, 그 사람은 가장 커다란 고통을 느끼게 될 것이란 말일세. 이와 마찬가지로 사랑을 받는 사람도 그가 어떤 수치스러운 일을 저질렀음이 밝혀졌을 때, 그것도 특히 자기를 사랑하는 사람 앞에서 밝혀졌을 때 더 큰 수치심을 느끼게 되지 않겠나? 그러므로 만약에 어떤 방법을 써서 사랑하는 사람과 사랑받는 사람들로만 이루어진 나라나 군대를 만들 수만 있다면, 그보다 더 이상적인 나라나 군대는 없을 것이네. 왜냐하면 나라나 군대가 그렇게 조직되었을 때만 사람들은 모든 수치스러운 행동들을 멀리하고, 서로가 경쟁적으로 훌륭한 일을 실천하려고 들 것이기 때문이지! 그렇게 서로 협력하여 함께 싸우면,[14] 그들의 숫자가 아무리 적어도 모든 적에게 승리를 거둘 것일세! 사실 사랑을 하고 있는 사람은 자기가 전열을 이탈하거나 무기를 내던지고 도망가는 모습이 다른 어떤 사람에게 보여지는 것보다 자신의 연인에게 보여지는 것을 훨씬 더 견딜 수 없어하기 때문에, 만약에 그러한 일이 일어난다면, 대부분 죽음을 선택할 것이네! 하물며 사랑하는 사람을 전쟁터에 혼자 남겨두고 떠난다거나,

그가 위험에 처했을 때 그를 도와주지 않을 정도로 형편없는
b 사람이 어디 있겠는가? 왜냐하면 사랑의 신은 사랑을 하고
있는 사람을 모두, 선천적으로 탁월한 사람과 비슷할 정도
로, 마치 신들린 사람처럼 용감하게 만들어줄 것이기 때문이
지. 정말로 신은 어떤 영웅들에게 용기를 불어넣어주었다고
호메로스가 이야기한 것과 같이, 에로스는 사랑하고 있는 사
람들 스스로에게서 용기가 생겨나도록 만들어준다네.

그뿐이겠는가? 남자들은 물론이고 여자들도 마찬가지로,
사랑을 하는 순간에는 그 무엇을 위해 죽을 수 있는 법이라
네. 펠리오스의 딸 알케스티스는 그러한 죽음의 실례를 그리
스인들에게 보여줌으로써, 우리가 지금 말하는 사랑을 증명
해준 셈이지.

c 사실 그녀의 남편에게도 부모가 있었지만 그녀만이 남편
을 대신하여 목숨을 바치려고 했기 때문에, 그녀의 사랑이야
말로 혈육의 정을 능가하여 부모가 아들에게 타인처럼 보이
고 단지 성(姓)만 같을 뿐인 혈육관계로만 느껴지게 만들 정
도였다네. 그녀가 이룩한 이 업적은 인간들뿐만 아니라, 신
들에게도 그토록 훌륭한 것으로 여겨져서 ― 신들은 훌륭한
업적을 남긴 수많은 사람들 중에서도 극소수의 사람에게만
그들의 영혼이 지하의 세계로부터 지상의 세계로 다시 올라
d 올 수 있도록 해주는 영광의 선물을 주는 법이네 ―, 신들은
그녀의 행위를 칭찬하면서 그녀의 영혼을 지하로부터 지상

으로 다시 끌어올렸다네. 이렇게 신들마저도 사랑 때문에 생겨나는 열정과 탁월성을 가장 귀중하게 여긴다네. 반면에 신들은 오이아그로스의 아들 오르페우스에 대해서는 그가 자신의 목적을 달성하지 못한 채 지하의 세계로부터 떠나가도록 만들었다네. 신들은 그가 찾으려했던 여인의 환상만을 보여주고 살아 있는 여인을 돌려주지 않았는데, 그 이유는 그를 기타 연주자로서, 알케스티스처럼 사랑을 위하여 목숨을 바치려고 한 것이 아니라, 자신의 목숨은 보전한 채 단지 저승으로 들어가기 위해 온갖 수단을 모두 동원한 비겁한 자로 여겼기 때문이라네! 바로 이러한 이유 때문에, 신들은 그에게 벌을 내려, 여인들에 의해 죽임을 당하도록 만들었다네![15]

반대로 신들은 테티스의 아들 아킬레우스의 경우, 존경을 표하여 행복한 사람들의 섬으로 보냈는데, 그것은 그가 어머니로부터 '만약에 헥토르를 죽이면 자신도 죽게 될 것이고, 그를 죽이지 않으면 집으로 무사히 돌아와 늙을 때까지 수명을 다한 뒤에 죽게 되리라'는 경고를 받고서도, 용감하게 그의 연인 파트로클로스를 돕고 그의 원수를 갚음으로써 이미 먼저 죽은 연인을 위해 기꺼이 자신의 목숨을 바치는 길을 선택하였기 때문이라네. 바로 이러한 연유로 신들은 그를 극찬하면서 그가 연인을 그렇게까지 고귀하게 여겼다는 사실에 대해 특별히 존경심을 나타낸다네. 그런데 아이스킬로스가 아킬레우스를 파트로클로스의 연인으로 묘사한 것은 좀 어색한 감이 없지 않다네. 왜냐하면 아킬레우스는 파트로클로스뿐만 아니라 다른 모든 영웅들보다도 훌륭한 사람이긴 하지만, 호메로스가 이야기했듯이 아직 턱에 수염도 안 난 젊은이이기 때문이라네.

b 일반적으로 신들은 사랑과 관련된 이러한 미덕을 가장 높이 평가하지만, 실제로는 그들도 사랑하는 자가 연인을 사랑하는 것보다도 사랑받는 자가 자신을 사랑해주는 사람을 사랑하는 것에 대해 더 경탄하고 존중하며 은혜를 베풀어주게 된다네. 사실 사랑하는 사람은 사랑받는 사람보다 더 신에 가까운 사람이라 할 수 있는데 그것은 그가 이미 신들려 있기 때문이라네. 그렇기 때문에 신들은 아킬레우스를 알케스티스보다 더 존중하여, 행복한 사람들의 섬으로 보냈던 것이라네. 결국 내 이야기의 요점은 에로스가 신들 가운데서 가장 연장자이자 가장 존경을 받고 있으며 살아 있는 자뿐만 아니라 죽은 자에게도 덕과 행복을 소유하는 문제에 있어 영향력을 가장 많이 행사하는 신이라는 것이네."

파우사니아스의 이야기

c 지금까지의 이야기가 파이드로스가 말한 것이라네. 파이드로스 다음에도 몇몇 사람들의 이야기들이 있었는데 아리

스토데모스는 그것들에 대해서는 완벽하게 기억해낼 수가 없다고 말하였다네. 그래서 그는 그 이야기들은 제쳐놓고, 파우사니아스의 이야기를 말하기 시작했다네.

그에 따르면, 파우사니아스는 다음과 같이 말했다네. "파이드로스여! 내 생각에 우리들은 이야기의 주제를 잘못 정한 것 같네. 이런 식으로는 에로스를 무조건 찬양하는 말만 나오게 되니 말일세. 만약에 정말로 에로스가 단 하나의 유일한 신이라면 그렇게 칭찬함도 아주 잘한 일일 걸세. 그러나 한번 살펴보시게. 에로스는 하나가 아니지 않는가? 에로스가 하나가 아니라면, 우선 그 여러 에로스들 중에서 어떠한 신을 찬양해야 하는지를 먼저 이야기하는 것이 더 올바른 태도가 아니겠는가? 따라서 나는 이야기의 주제를 조금 바꿔서, 우선 어떤 에로스를 칭찬해야 할지를 밝히고 그 다음에는 그에 걸맞는 칭찬을 하도록 노력해보겠네!

d

두 사랑의 신

아프로디테 여신과 에로스가 서로 불가분의 관계를 유지함은 모든 사람들이 다 알고 있는 사실이네. 따라서 만약에 아프로디테 여신이 하나라면, 에로스도 하나일 수밖에 없게 되는 셈이지. 그런데 아프로디테 여신은 둘이므로, 에로스도 필연적으로 둘일 수밖에 없지 않겠나? 아프로디테가 둘임을

어찌 부정할 수 있겠는가? 내가 생각하기에 그 둘 중 하나는
e 연장자이고, 어머니 없이 우라노스가 직접 낳은 딸이어서 우
리는 그녀를 우라니아—천상(天上)의 아프로디테—라 부
르고, 제우스와 디오네의 딸인 또 다른 나이 어린 아프로디
테는 판데모스—세속적 아프로디테—라 부른다네. 따라
서 에로스에 관하여도 우리는 세속적 여신과 함께 일하는 에
로스는 세속적 에로스라, 천상의 여신과 함께 일하는 에로스
는 천상의 에로스라 구별하여 부르는 것이 옳을 것이네. 그
러므로 우리는 두 신 모두를 칭송해야 하겠지만, 그 각각의
신에 걸맞는 특성들에 대해 이야기해보려고 노력함이 더 타
당할 걸세. 무릇 모든 행위는 다음과 같은 방식으로 일어나
지 않는가?

181 즉 모든 행위는 그 행동으로 옮기는 일 자체는 아름다운
것도 아니고 추한 것도 아니라네. 예를 들어 음주·노래·대
화와 같이 우리가 지금 행하고 있는 것 중 어느 것도 그 자체
로 아름다운 것은 없다네. 그러한 성질은 행위 속에서 나타
나게 되는 법이지. 즉 어떤 행위가 아름답고 올바르게 행해
지면 그것은 아름다운 행위가 되고, 그렇지 않았을 때는 추
한 행위가 되는 것이라네. 사랑한다는 것도 이와 같아서, 단
지 아름답게 실천된 사랑만이 아름답고 칭찬받을 가치를 지
니게 되는 것이지 모든 사랑이 무조건적으로 아름답거나 칭
찬받는 것은 아니라네.

그런데 세속적 아프로디테에서 나온 사랑은 정말로 세속적이어서 아무 대상이나 닥치는 대로 사랑을 한다네. 이러한 사랑은 가장 비천한 사람들이 하는 사랑이라 할 수 있지. 그 같은 사람들은 첫째로 소년들 못지않게 여자들을 사랑하고, 그다음에 자기들이 사랑하는 사람들의 영혼보다는 육체를 사랑하고, 마지막으로 가능한 한 가장 비이성적인 사람들을 사랑한다네. 그들은 사랑의 목표에 도달하는 것에만[16] 주의를 기울이고 사랑이 아름답게 실천되는지 여부에 대해서는 전혀 관심을 기울이지 않는다네. 그 결과 그들은 어떠한 대상이든, 그것이 좋은 것이든 나쁜 것이든 가리지 않고, 닥치는 대로 사랑을 쟁취하려고만 든다네. 그러한 사랑은 사실 천상의 아프로디테 여신보다 훨씬 젊고, 여성적 요소와 남성적 요소를 모두 지니고 태어난 지상의 아프로디테 여신으로부터 나온 것이라네. 반면에 천상의 아프로디테와 상관된 사랑은 첫째로 여성적 요소는 갖고 있지 않고, 오직 남성적 요소만 갖고 있으며—이것이 바로 소년에 대한 사랑이라네—, 둘째로 두 여신 중에서 더 나이가 많고 적도(適道)를 넘어서는 격정은 전혀 갖고 있지 않은 여신으로부터 나온 사랑이라네! 이러한 사랑에 의해 영감을 받은 사람들은 본성상 더 강인하고 이성적 요소를 더 많이 간직하고 있는 사람을 좋아하기 때문에 남성에게로 마음이 향하게 된다네. 우리는 소년에 대한 사랑에서조차도 그러한 에로스에 의해 고무되어 가장 순수하게 사랑하는 사람들을 구별해낼 수 있다네. 사실 그들은 아무 소년이나 무조건 사랑하는 것이 아니라 이성을 갖기 시작한 나이의 소년들만을 사랑한다네. 그런데 이성적 요소를 지니기 시작하는 것은 턱에 수염이 나기 시작하는 나이에 도달해야 비로소 가능한 것 아니겠나? 내가 보기에, 그러한 나이에 도달하기를 기다려 비로소 소년을 사랑하기 시작하는 사람들은 전 생애 동안 소년과 함께 지낼 준비는 되어 있지만, 젊기 때문에 빠지기 쉬운 격정을 교묘히 이용하여 소년을 속이고 농락한 다음에 그 소년을 버리고 다른 소년에게로 가지는 않을 것 같네. 어쨌든 불확실한 것에 대해 쓸데없이 지나친 노력을 하지 않도록 하기 위해 소년에 대한 사랑을 금지시키는 관습이 정해질 필요가 있는 것이라네. 사실 소년

e 들의 미래는 영혼에 있어서나 육체적으로 모두 어디에 종착하게 될지, 즉 나쁜 상태로 가게 될지 좋은 상태로 가게 될지 전혀 알 수 없는 일 아니겠나? 물론 훌륭한 사람들은 기꺼이 그 같은 규칙을 자기 스스로에게 부과할 것이네. 그러나 세속적 사랑을 하는 이러한 자들[17]에 대해서는 우리가, 가령 사람들이 유부녀와의 사랑을 법[18]으로 금지하는 것처럼, 특

182 별히 그와 같은 법을 강제로 부과할 필요가 있다네. 사실 이러한 자들이 비난받을 짓을 너무 많이 저질렀기 때문에 결국은 사랑하는 사람에게 호의를 베푸는 것 자체도 수치스러운 짓이라고 비난하는 사람들도 나오는 것 아니겠나! 일반 사람

들이 그러한 정도까지 말할 때에는 그렇게 세속적인 사랑을 하는 사람들의 부적절함과 올바르지 못함을 목격했기 때문이라네. 사실 어떠한 행동도, 사려 깊게 그리고 관습에 맞춰 도덕적으로 행해진다면, 비난받지는 않는 법이라네.

관습의 다양성에 대한 고찰

이제 사랑과 관련된 관습을 한번 살펴보세. 관습이란 것은 어떤 나라의 경우에는 이해하기가 쉽지. 왜냐하면 그러한 나라에서는 관습이 절대적 기준에 따라 정해지기 때문이라네. 반면에 우리나라의 경우에는 그 기준이 다양한 편이지. 사실 엘리스[19]에서나 라케다이몬, 그리고 보이오티아[20]에서와 같이 능란하게 말하는 사람들이 없는 나라에서는, 사랑하는 사람에게 호의를 베푸는 것이 관습상 좋은 일로 간주된다네! 그래서 젊은 사람이든 나이든 사람이든 간에 어느 누구도 자기가 사랑하는 사람을 즐겁게 해주는 행동을 수치스러운 일이라고 말하지 않는다네. 내 생각으로는 그들이 말을 잘할 능력을 갖고 있지 못해서, 젊은이들을 말로써 설득하는 데에 쓸데없는 노력을 기울이지 않으려고 하기 때문인 것 같네! 그런데 이오니아나 그 밖의 야만인들이 살고 있는 지역에서는 그러한 일이 관례상 수치스러운 것으로 여겨진다네. 사실 야만인들의 나라에서는 참주정이라는 제도 때문에 그러한

향연 63

일뿐만 아니라[21] 지혜를 추구하는 것이나 신체적 훈련을 사랑하는 일조차도 수치스러운 것으로 여겨진다네.[22] 그러한 현상들이 일어나는 이유는, 내가 생각컨대, 지배를 받는 일반 국민들의 훌륭한 사유나 강력한 우정 또는 교제가 지배자들에게 아무런 이익도 가져다주지 않기 때문일걸세. 사실 사랑은 모든 면에서 그러한 덕목들을 만들어내는 원동력이 된다네. 우리나라의 참주들도 그러한 사실을 구체적으로 겪어보았기 때문에 잘 알고 있다네. 예를 들어, 아리스토게이톤의 사랑과 하르모디오스의 우정은 참주들의 권력을 무너뜨릴 정도로 확고했었지.[23] 이렇게 볼 때 사랑하는 사람에게 호의를 베푸는 행위를 관습상 수치스러운 것으로 여기게 됨의 근본은 그 관습을 정한 사람들의 비천한 도덕심 — 통치자의 지나친 권력욕과 피통치자의 비겁함 — 에 있다고 할 수 있네. 반면에 그러한 것을 절대적으로 좋은 관습이라고 여기게 됨의 근본은 그 관습을 정한 사람들이 지닌 영혼의 나태함 속에 있다고 할 수 있네.

도덕적 문제

그런데 우리나라의 경우 그러한 관습은 이러한 나라들보다도 훨씬 더 훌륭하게 정립되어 있지만 그것을 이해하는 것은, 내가 이야기하였듯이, 결코 쉬운 일이 아니라네! 공공연한 사랑이 은밀한 사랑보다 훨씬 낫고, 비록 자신은 비천하더라도 자기보다 더 고상하고 훌륭한 사람을 사랑하는 것이 최상의 사랑이라고 말해진다는 사실, 그리고 비열한 행동을 하는 자와는 달리 사랑하는 사람에게는 놀라울 만한 격려가 모든 사람에 의해 주어지고, 사랑을 획득한 사람은 훌륭하다고 칭찬받는 반면에, 사랑을 획득하지 못한 사람은 수치스럽게 여겨진다는 사실, 그리고 사랑을 획득하려고 노력하는 행위에 대해서 관습은 사랑하는 사람에게 그가 놀라운 일을 이루어내었다고 칭찬해주는 관용을 베풀고 있는 사실 등을 한 번 생각해보게! 그러한 사실들이 어떻게 곧장 이해가 되겠는가? 그러나 만약에 어떤 사람이 이러한 사랑하는 일 외의 다른 어떤 것을 추구하고 그것을 완성시키기 위해 그렇게 많은 노력을 기울인다면, 그가 행한 모든 일은 철학에 의해 많은 비난을 받게 될 것이네. 사실 어떤 사람이 다른 사람에게서 재산을 얻어내고 또는 관직에 오르거나 어떤 권력을 행사하기를 원하여, 사랑하는 사람들이 그들의 연인에게 해주는 것과 똑같은 일 —즉 애걸복걸해가며 사랑이 받아들여지기를 간청하고 온갖 맹세를 하며, 연인 집의 문지방에 누워서 밤을 세우면서 어떠한 노예도 원하지 않을 정도의 비천한 일들도 마다하지 않는 행위들 —을 하기를 원한다고 상상해보게! 그러면 그의 친구나 심지어 그의 적들마저도, 자신이 원하는 것을 얻기 위해 그런 식으로 행동하지 말라고 그에게

b 제재를 가할 걸세. 즉 그의 적들은 그의 아첨과 노예 근성을 비난할 것이고 그의 친구들은 그에게 충고를 해주기도 하고 그에 대해 수치심을 느낀다고 말할 것이네. 그러나 이 같은 모든 일을 만약에 사랑하는 사람이 사랑을 얻기 위해서 행한다면, 그 사람은 사람들의 호감을 살 것이고 그의 행위도 매우 훌륭한 일을 해냈다는 이유로 관습상의 어떠한 비난도 받지 않고 용인되어진다네. 그런데 무엇보다도 신기한 것은

c 사랑의 서약을 한 사람은 그 서약을 깨뜨려도 신에 의해 용서를 받는다고 말하는 민중 속담이라네. 사실 사람들은 아프로디테에게 걸고 하는 사랑의 서약[24]은 진정한 서약이 아니라고, 즉 지키지 않아도 무방한 서약이라고 말하니까 말일세. 이렇게 우리나라의 관습에 따르면, 신과 인간들은 사랑하는 사람에게 전적인 자유를 부여하고 있는 셈이네. 그러므로 우리나라의 경우 사랑하는 것이나 사랑하는 사람과 친구가 되는 것은 관습상 매우 훌륭한 일로 간주된다고 생각할 수 있네. 그러나 부모들이 가정교사[25]를 자기 자식들 옆에 감독관으로 붙여서 사랑받는 소년들이 그 소년들을 사랑하는 사람들과 대화를 나누는 것을 금지시키려 하고 각각의 가정교사도 실제로 그러한 일이 일어나지 못하게 충실히 감독한다면, 또 다른 한편으로 같은 또래의 친구들이 성인과 소년 사이에서 이러한 사랑이 실제로 일어나는 것을 보고서 그러한 사랑을 비난한다면, 게다가 나이 든 사람들마저도 그

또래들의 비난이 옳지 않다고 제지하거나 혼내지 않는다면,   d
사람들은 그러한 사실에 주목하여 그와 같은 사랑이 이 나라
에서 관습화되어 있음을 매우 수치스럽게 생각할 수도 있을
것이네.

이쯤에서 나는 이 같은 일들의 실상에 대해 부연 설명을
해야 되겠네. 즉 처음부터 이야기했듯이 이러한 종류의 일에
는 절대적인 것이 없어서, 그 자체로 아름답거나 추한 것은
아무것도 없고, 단지 아름답게 행하면 아름다운 것이 되고,
추하게 행하면 추한 것이 될 뿐이라네. 그런데 추하게 행한
다는 것은 나쁜 사람에게 나쁜 방식으로 호의를 베푸는 것이
고, 아름답게 행한다는 것은 가치 있는 사람에게 아름다운
방식으로 호의를 베푸는 것을 의미한다네.

그리고 나쁜 사람이란 영혼보다 육체를 사랑하는, 즉 방금   e
말한 저 세속적인 사랑을 하는 사람을 의미한다네. 그러한
사람은 한결같지 않기 마련인데 그가 불변적인 것을 사랑하
지 않기 때문이라네. 즉 그는 사랑해왔던 육체의 꽃이 시들
면 곧장 그의 수많은 달콤한 말들과 약속들을 헌신짝처럼 버
리고 날아가버린다네. 반면에 관습이나 도덕을, 그것이 유익
한 것이기 때문에, 사랑하는 자는 평생 동안 그것에 대한 사
랑을 꾸준하게 지속시키게 되는데 그것은 그가 불변적인 것
과 하나로 융합되어 있기 때문이지.

결국 우리의 관습은 이러한 두 종류의 사람들을 잘 그리고   184

훌륭하게 시험하여, 가치 있는 사람에게는 호의를 베풀고 나쁜 사람은 회피하도록 만들어주는 역할을 하는 셈이라네. 바로 그러한 연유로 우리의 관습은 어떤 사람에 대해서는 그 본을 받으라고, 그리고 어떤 사람에 대해서는 멀리하도록 권하게 되고, 더 나아가 사랑하는 사람과 사랑받는 사람이 각각 그 두 모델 중 어디에 속하는지를 시험하여 판단해주는 역할도 한다네. 이를 근거로 그 어떤 것에 지나치게 쉽사리 빠져버린다는 것은 추한 일이라는 첫번째 도덕률이 나오게 되었다네. 사실 많은 것들은 시간이 흘러보아야 비로소 그 진가가 검증되기 때문이지![26] 그 다음에 재산이나 정치적 권력에 의해 굴복당하는 것도 추한 일이라는 두번째 도덕률이 나온다네.

b 비록 그러한 굴복이 나쁜 일을 당한 경험 때문에 두려워서 강인하게 저항하지 못하여 발생했든 아니면 재산이나 정치적 성공의 도움을 받았을 때 그 이점을 무시하지 못하여 발생했든지는 불문하고 말일세. 사실 돈이나 권력 가운데 그 어느 것도 확고하고 불변적으로 보이지는 않는데, 어떻게 그러한 것들로부터 고귀한 우정이 생겨날 수 있겠나!

따라서 우리의 관습에서 사랑받는 사람이 자신을 사랑해주는 사람에게 품위 있게 호의를 베풀 수 있는 길은 오직 하나! 즉 사랑하는 사람들이 사랑받는 사람에 대해 어떤 종류의 노예 노릇을 하여도 그것이 아첨이나 비난받을 일로 여겨지지 않는 것과 마찬가지로, 자발적으로 노예 노릇을 하면서도 관습상 비난받지 않는 유일한 경우는 덕성을 얻기 위해 그렇게 행동할 때뿐이라네. 사실 만약에 어떤 사람이 지식에 있어서나 여러 덕목에 있어서 자신을 통해 다른 사람을 더 훌륭하게 만들어주기 위해 그 사람을 보살펴주고자 한다면, 그러한 자발적 노예 상태는 우리의 관습상 추한 것도, 아첨도 아닌 것으로 여겨진다네.

따라서 우리가 사랑받는 사람이 사랑하는 사람에게 베푸는 호의를 아름다운 행위로서 여겨지게 하려면, 우리는 이러한 두 관습—즉 소년애에 관한 관습과 철학이나 다른 덕목들에 관한 관습—을 동일한 하나로 묶을 필요가 있다네. 사실 사랑하는 사람과 사랑받는 사람이 각각 자신들의 도리를 지키면서 동일한 목표에 도달했을 때, 즉 사랑하는 사람은 자신에게 호의를 베풀어주는 연인에게 올바르게 봉사할 수 있는 것이면 무엇이든지 봉사해주고, 사랑받는 사람은 자신을 현명하고 훌륭하게 만들어주는 그 사랑하는 사람을 위해 도와줄 수 있는 것이면 무엇이든지 올바르게 도와줌으로써, 두 사람이 동일한 목표에 도달했을 때, 다시 말해 사랑하는 사람은 사려 깊음과 그 밖의 다른 덕들에 연인과 함께 도달할 능력을 지니고 있고, 사랑받는 사람은 자기 완성과 그 밖의 다른 지식에 대한 소유를 위하여 구애자의 도움을 받을 필요를 느낄 때, 비로소 이 두 관습은 하나로 일치하게 되고,

이렇게 하나로 일치하는 점에서만 사랑받는 사람이 사랑하는 사람에게 호의를 베푸는 일이 훌륭한 일로 여겨질 수 있지, 다른 어떠한 경우에도 결코 그렇게 여겨질 수가 없다네. 이러한 경우, 어떠한 사람이 비록 완전히 속았다 할지라도,[27] 그것은 결코 수치스러운 일이 아니라네.

185 그러나 그 이외의 모든 경우에 있어서는, 완전히 속은 자에게나 속지 않은 자에게나 언제나 부끄러움이 뒤따르기 마련이라네. 만약에 어떤 사람이 자신을 사랑하는 사람을 부자로 잘못 알고 그가 가진 재산 때문에 호의를 베풀었는데, 그 사람이 실제로는 가난하여 그로부터 한 푼의 재산도 얻어내지 못하게 되었기 때문에 완전히 속았다고 생각한다면, 그보다 더 수치스러운 일이 어디 있겠는가? 왜냐하면 그 같은 행위를 한 사람은 자기 자신의 참모습——즉 재산을 얻기 위해서는 어떤 일도 마다하지 않고, 어느 누구를 위해서도 헌신하려는 자신의 모습——을 있는 그대로 나타내게 된 것이니 말일세. 그것은 결코 훌륭한 일이 못 된다네. 같은 논리로 만약에 어떤 사람이 자신을 사랑해주는 훌륭한 사람에게 호의를 베풀고 자신도 그 사람과의 교제를 통하여 훌륭하게 되려고 노력하였는데, 그 사랑해주는 사람이 실제로는 나쁜 사람

b 이고 어떠한 덕도 갖고 있지 않은 것으로 밝혀져 완전히 속은 꼴이 되었다 하더라도, 그때의 기만당함은 좋은 것이라 할 수 있다네. 왜냐하면 그러한 행위는 그가 오직 덕을 얻고

훌륭하게 되기 위해, 어떤 것에 대해서도 모든 노력을 기울일 준비가 되어 있는 자기 자신의 본성을 있는 그대로 보여준 것이기 때문이지. 사실 그러한 행위는 모든 행위들 중에서도 가장 아름다운 것이 아니겠나! 즉 이렇게 덕을 얻기 위해서만 상대방에게 순수한 호의를 베푸는 것이 가장 훌륭한 행위라 할 수 있다네. 이러한 것은 천상의 여신인 아프로디테로부터 나오는 사랑이고, 그 자체가 천상적이어서 사랑하는 사람과 사랑받는 사람들로 하여금 그들 자신의 덕을 함양하기 위해 서로가 서로를 많이 보살펴주도록 만들어주기 때문에, 도시국가뿐만 아니라 개인들에게도 매우 가치 있는 것이라네. 반면에 다른 모든 사랑들은 다른 여신 즉 세속적 아프로디테 여신으로부터 나오는 것이라 할 수 있다네."

마지막으로 파우사니아스가 말했네. "지금까지 이야기한 것들이 파이드로스여! 내가 자네에게 에로스에 관하여 즉흥적으로 떠오른 생각을 말한 것이라네!"[28]

아리스토파네스의 딸꾹질

파우사니아스의 이야기가 끝나자——나는 이렇게 동음절어로 말하는 법을 소피스트들한테서 배웠다네.——[29] 아리스토데모스는 아리스토파테스가 다음 차례를 이어받아 이야기해야 한다고 말했다네. 그런데 아리스토파네스는 과식 때문

d 이었는지 아니면 그 어떤 다른 것 때문이었는지 딸꾹질을 하기 시작하여 말을 할 수가 없었다네.

그래서 그는 아랫자리에 앉아 있던 의사인 에릭시마코스에게 다음과 같이 말했다네. "에릭시마코스여! 자네가 내 딸꾹질을 멎게 해주던가, 아니면 딸꾹질이 멎을 때까지 나 대신 자네가 말하는 것이 좋겠네."

그러자 에릭시마코스가 말했다네. "그래? 나는 그 두 가지를 다 해주겠네. 즉 내가 자네를 대신해서 먼저 이야기하고, 자네는 딸꾹질이 그치면 내 차례에 이야기를 하도록 하게! 이제 내가 말하는 동안 충분히 여유를 갖고 숨을 꾹 참고 있
e 게. 그러면 딸꾹질이 멈출 것이네. 그래도 멈추지 않으면, 물로 목구멍을 가글가글하여 헹궈 내게. 그래도 딸꾹질이 멈추지 않으면 코를 간질일 수 있는 어떤 것을 가지고 코를 간질이면서 재채기를 하게. 자네가 그런 식으로 한두 번 해보면 아무리 심한 딸꾹질일지라도 멈출 것이네!"

그러자 아리스토파네스가 말했다네. "자네는 빨리 서둘러 이야기나 시작하게나. 나는 자네가 지금 말해준 처방대로 실행해보겠네!"

에릭시마코스의 이야기

그러고 나서 에릭시마코스는 다음과 같이 말했다네. "파우

사니아스가 비록 논의는 훌륭하게 시작하였으나 적절하게
끝맺지 못했기 때문에, 나는 그 논의를 끝내기 위해 노력해 186
야 할 것 같네. 사실 사랑에 두 종류가 있다고 한 것은, 내가
생각하건대, 훌륭한 구분인 것 같네. 그러나 그러한 구분은
인간의 영혼 속에서 미소년들에 대해서만 적용되는 것이 아
니라 다른 것들 즉 모든 동물들의 몸체와 대지에서 자라나는
식물들, 한마디로 표현하자면 모든 존재자들 안에 있는 다른
많은 것들에 대해서도 적용되는 것이네. 우리들의 기술인 의 b
술의 관점에서 살펴보면, 위대하고 경이로운 사랑의 신은 모
든 것 즉 인간적인 것들이나 신적인 것들 모두에게 영향을
끼치고 있다고 나는 생각하네!

의술의 관점에서 본 사랑의 신

이제 나는 기술을 예찬하기 위하여, 의술에 관해서부터 이
야기를 시작해보겠네. 사실 우리 신체의 본성도 이와 같은
두 종류의 사랑을 지니고 있다네. 신체의 건강한 상태와 병
든 상태는 분명히 구별되고 서로 동일하지 않다는 것에 대해
서는 모든 사람들이 동의하는 바일세. 그런데 서로 닮지 않
은 것은 자기와 닮지 않은 것들을 갈망하고 사랑하게 되는
법이라네. 그리고 건강한 사람이 하는 사랑과 병든 사람이
하는 사랑은 다를 수밖에 없다네. 그리하여 훌륭한 사람들에 c

게 호의를 베푸는 일은 좋은 것이나 훌륭하지 못한 사람들에게 호의를 베푸는 일은 좋지 못한 것이라고 파우사니아스가 조금 전에 말했듯이, 신체의 경우에도 그 사정은 똑같아서 각 신체의 훌륭하고 건강한 부분들에 대해 호의를 베풀고 보살펴주는 것은 좋은 일이고 마땅히 그렇게 해야 되는 것이나 —그런 일들을 우리는 의술 행위라 부른다네—, 진정한 명의가 되려는 사람이면 신체의 병들어 있는 부분들을 그대로 방치하는 것은 좋지 못한 일이고, 그렇게 방치함을 싫어해야만 한다네. 왜냐하면 의술이란, 간단하게 정의하자면, 신체에서 일어나는 사랑의 현상들에 대하여 어떤 부분은 보충해주고 어떤 부분은 비워줘야 하는지에 관한 지식이기 때문이지![30] 그리고 이러한 현상들에 있어서 좋은 사랑과 나쁜 사랑을 진단할 수 있는 사람이야말로 가장 의사다운 의사라 할 수 있네.

d 마찬가지로 신체의 상태를 변화시킬 수 있는 사람, 즉 신체가 어떤 한 상태에 대한 사랑[31] 대신에 다른 상태에 대한 사랑을 갖도록 만드는 것 그리고 사랑이 반드시 있어야 할 신체의 부분에 사랑이 전혀 없는 경우 그곳에 사랑이 생겨나게 만들거나, 사랑이 없어야 좋을 부분은 도려내어 없앨 수 있는 사람이야말로 훌륭한 전문가라 할 수 있다네. 즉 훌륭

e 한 의사란 신체에 있어 가장 적대적인 부분들을 서로 친하게 만들어 결국 그 부분들 서로가 사랑하도록 만들 수 있어야

한다는 것이지. 사실 차가움이 뜨거움에, 쓰디씀이 달콤함에, 건조함이 음습함에, 그리고 그와 같은 다른 모든 것들이 그렇듯이, 서로 가장 대립된 부분들은 가장 적대적이 되기 마련이지. 이러한 대립된 것들 사이에 사랑과 조화를 만들어 내었기에 우리들의 조상 아스클레피오스는, 여기 있는 이 시인들[32]이 말했고 내 자신도 믿고 있듯이, 우리들의 기술인 의술의 창시자로 불린다네!

음악

그러므로 의술은, 내가 이야기하였듯이, 전적으로 이 사랑의 신에 의해 지배를 받는다고 할 수 있네. 그런데 체육[33]과 농경술[34]도 이와 마찬가지라 할 수 있지. 그리고 음악도 이러한 기술들과 동일하다는 사실은 모든 사람에게 뿐만 아니라, 심지어 그러한 문제에 대해 별로 생각하지 않는 사람에게까지도 분명하다네. 그 점에 대해서는 헤라클레이토스도 같은 견해를 나타내고자 했던 것 같네. 비록 그가 다음과 같이 말했을 때, 그는 자신의 생각을 잘 표현하지는 못했지만 말일세. 즉 그는 '*일자(一者)라는 것은 나뉘어졌을 때에는 서로 대립되다가도, 활과 칠현금에서 이루어지는 조화처럼, 다시 서로 합쳐져 조화를 이루게 된다*'고 이야기했으니 말일세.[35] 사실 서로 대립된 것 자체를 조화라고 하거나 아직 대립되어 있는 상태로부터 조화가 나올 수 있다고 말하는 것은 매우 불합리한 것이지!

b 아마 그가 이야기하고자 했던 것은, 예를 들어 날카로운 음과 둔탁한 음의 경우처럼 처음에 대립된 것들도 나중에는 서로 조화를 이루게 된다는 사실일걸세. 사실 조화라는 것은 음이 함께 울리는 것이며 그러한 화음은 일종의 일치라 할 수 있네. 그러나 대립자들이 대립되고 있는 한 일치는 그것들로부터 나올 수가 없고, 일치되지 못하는 것으로부터는 조화도 나올 수가 없지. 그것은 마치 처음에는 서로 대립되었던 빠른 음과 느린 음이 나중에 일치하게 되는 데서 리듬이 발생하는 것과 똑같네.

c 그리고 이러한 모든 대립자들에게 일치를 가져오는 것이 앞에서는 의술이었듯이, 여기에서는 대립된 음들 사이에 사랑 또는 완전한 일치를 만들어내는 음악이라 할 수 있네. 이렇게 음악이란 화음과 리듬에서 일어나는 사랑의 현상들에 관한 지식이라 할 수 있다네. 그런데 화음과 리듬을 구성하는 작업 속에서 음들 사이에 일어나는 사랑의 현상을 진단하는 것은 어려운 일이 아니지. 이러한 경우에는 어떠한 이중적 사랑의 흔적도 없으니까 말일세!

d 반면에 사람다운 사람을 만들기 위해서 사람에 대해 리듬과 화음을 적용해야 할 경우 전혀 새로운 리듬과 화음을 만들어내거나——그러한 작업을 우리는 시작(詩作) 또는 작곡

이라 부르는데——, 우리는 이미 만들어진 선율과 운율을 올바르게 사용——이것은 교육이라 불린다네——[36]해야 하는데, 그러한 일은 매우 어렵기 때문에 훌륭한 전문가를 필요로 한다네. 그러한 경우 우리는 다시 한 번 똑같은 원리에 이르게 된다네. 즉 우리는 결코 사려 깊지 못한 사람들도 좀더 사려 깊은 사람으로 바뀌도록 사려 깊은 사람들을 존중해주고 또한 그러한 사람들에 대한 사랑도 지켜주어야 한다네. 사실 그러한 사랑이야말로 아름다운 사랑이고 천상의 사랑이며 우라니아 무사 mousa 여신의 사랑이라 할 수 있다네. 반면에 폴립니아[37] 무사 여신의 사랑은 통속적 사랑이기 때문에 그러한 사랑을 하려는 사람들은 각별한 주의를 기울여야만 한다네. 그래야만 그들은 그러한 사랑을 하면서도 결코 방종에 빠지지 않고 사랑이 주는 즐거움의 열매를 수확할 수 있게 된다네. 그것은 마치 우리들의 의술을 행할 때 병에 걸리지 않고 즐거움의 열매를 수확하기 위하여 요리술에서 애용되는 욕구들을 잘 이용하는 방법을 아는 것이 매우 중요한 것과 같다네. 따라서 우리는 음악이나 의학 그리고 다른 모든 것들——그것이 인간적인 것이든 신적인 것이든—— 속에서 가능한 한 최대로 각각의 사랑을 지켜줄 필요가 있다네. 그것은 그 두 사랑 모두가 그러한 것들 속에서 각각 자기의 고유한 자리를 차지하고 있기 때문이라네.

천문학

188 　다음에는 한 해의 절기(節期)의 구성에 대해 살펴보세. 절기는 이러한 두 종류의 사랑으로 충만되어 있어서, 방금 내가 말했던 대립자들——뜨거움과 차가움, 건조함과 음습함——이 질서를 따르는 사랑 속에서 서로 만나 조화를 이루고 도에 맞게 섞이게 되는 경우에는, 언제든지 인간뿐만 아니라 동물과 식물들 모두에게도 번성과 건강을 가져다준다네. 그러한 경우 만물에게는 천리(天理)에 어긋나는 일이 절대로 일어나지 않는 법이라네.

b 　반면에 한 해의 절기 중 도를 넘어서는 사랑이 기승을 부리게 되는 때는, 많은 생명체가 죽게 되고 천리에 어긋나는 현상들이 발생하게 된다네. 사실 동물이나 식물들에게 일어나는 역병은 보통 그러한 상태로부터 발생하는 것이고 다른 많은 여러 종류의 병들의 경우도 마찬가지라네. 서리·우박·밀의 깜부깃병 등도 그 같은 사랑들의 도를 넘어서고 불규칙적으로 일어나는 결합들에서 발생하는 것이라네. 바로 그러한 별들의 운동과 한 해의 절기들을 연구 대상으로 삼는 학문을 우리는 천문학이라 부른다네.

예견술

그러한 것들 외에도 우리는 예견술이 주도하는 모든 종교 의식들—이러한 의식들은 신과 인간이 서로 교통할 수 있도록 만들어주는 역할을 한다네—을 이야기할 수 있는데, 그것들은 사랑을 지켜주고 치료해주는 것 외의 다른 어떤 목적도 갖고 있지 않다네. 사실 모든 불경죄는 보통 순리에 따르는 사랑을 존중하지 않고, 모든 행위 속에서 구현되는 그러한 사랑을 명예롭게 여기거나 존경하지 않고, 오히려 부모나—그들이 살아 계시든지 돌아가셨든지 간에—신들에 대하여 다른 종류의 사랑을 하게 될 때 발생하기 마련이라네. 바로 그러한 것들과 연관지어 사랑들을 검토하고 치료하는 것이 예견술이 해야 할 일들이라네. 즉 예견술은 신과 인간 사이의 우정을 엮어내는 전문적 기술인데 그것은 신적 율법과 경건한 마음의 연관 관계 속에서 나타나는, 인간들의 사랑에 대한 인식을 통해서만 가능하게 된다네.

이렇게 보편적인 에로스는 한마디로 말하자면, 여러 종류의 힘과 엄청나게 큰 힘 아니 전능한 힘을 지니고 있는 셈이네. 그리고 사려 깊음과 정의를 통해 인간들과 신들에게 최선의 것을 만들어주는 사랑이야말로 가장 커다란 힘을 지니고 있고, 우리 인간들이 서로 간에 그리고 우리들보다 더 강한 존재인 신들과도 왕래하며 친구가 되도록 해줌으로써 우리에게 모든 행복을 마련해주는 셈이라네. 에로스를 찬양하면서 나는 아마도 많은 것을 빠뜨렸을지 모르네. 그렇지만 그것은 나의 의지와는 상관없이 이루어진 것임을 알아주시게. 어쨌든 만약에 내가 빠뜨린 것이 있다면, 아리스토파네스여! 그것을 보충하는 일은 자네의 몫일세. 그러니 자네가 이 신에 대해 어떤 다른 방식으로 찬양할 의도가 있다면, 이제 자네의 딸꾹질이 멎기도 하였으니, 시작해보게나!"

아리스토파네스의 이야기

189 아리스토데모스가 이르기를 아리스토파네스가 차례를 이어받아 다음과 같이 말하게 되었다네. "허! 정말로 딸꾹질이 완전히 멎었네 그려! 재채기 요법을 해보기 전까지는 그치지 않았었는데 말일세. 내가 놀란 점은 우리의 신체가 조화로운 상태를 유지하기 위하여, 재채기처럼 소리를 뱉어내고 목구멍을 간질이는 행동을 필요로 한다는 점이라네. 실제로 나의 몸에 재채기 요법을 써서 딸꾹질이 곧장 멎었지 않은가."

그러자 에릭시마코스가 말했다네. "이 사람 아리스토파네
b 스여! 자네는 지금 무슨 이야기를 하는 겐가? 진지한 이야기를 해야 하는 순간에 농담을 하고 있으니 말일세. 자네는 나를 자네 자신의 이야기 통제관으로[38)] 임명하여 자네가 우스

갯소리를 할 때는 그것을 제지해주고, 자네가 진지하게 이야기할 때에는 이야기를 계속하게 해달라고 하지 않았는가?"

이 말에 아리스토파네스는 웃으면서 말했다네. "자네 말이 맞네, 에릭시마코스여! 그렇지만 조금 아까 내가 한 말은 하지 않은 것으로 치세나. 그러니 이제부터는 제발 내가 하는 말에 간섭하지 말아주게! 왜냐하면 나는 지금부터 말하려고 하는 것에 관하여 우스갯소리를 하게 되지 않을까 그것을 두려워하는 것이 아니라—사실 이러한 우스갯소리는 우리들의 무사 여신의 장점이며 특징이 아니겠나[39]— 조롱거리가 될 말이나 하게 되지 않을까, 그것이 두렵기 때문이라네."

에릭시마코스는 말했다네. "아리스토파네스여! 창은 이미 던져졌는데, 자네는 그것을 피하려 하고 있군. 그러지 말고 정신을 집중하여 보게! 그리고 근거를 제시한다고 생각하면서 말을 해보게나. 그렇다고 판단되면, 아마도 나는 자네를 놓아줄 것일세."

그러자 아리스토파네스는 말했다네. "에릭시마코스여! 나는 자네나 파우사니아스가 말한 것과는 다른 방식으로 말하겠네.[40] 내 생각에 사람들은 에로스의 힘에 대해 전혀 자각하지 못하고 있는 것 같으니 말일세. 만약에 그 위대함을 자각하였다면, 사람들은 에로스를 위해 가장 웅장한 사원과 제단을 짓고 가장 훌륭한 제물을 바쳤을 테니까 말일세. 그런데 그 중 어떠한 것도 오늘날 에로스를 위하여 바쳐지지 않고 있지. 때문에 우리는 무엇보다도 먼저 그러한 것들을 만들어내야 할 것이네. 사실 이 신은 모든 신들 가운데서도 인간을 가장 아껴주는 신이 아닌가? 그 이유는 이 신이 인간을 도와주고 인간이 지닌 나쁜 것들을 치료해주는 의사이기 때문이라네. 이 나쁜 것들이 치료되면 인간들은 가장 커다란 행복을 누리게 되는 법이지. 그러므로 나는 자네들에게 이 신이 지닌 신비한 힘의 영역으로 안내해주려고 노력할 것인데, 자네들 또한 다른 사람들을 그 신비한 세계로 이끌어주는 스승이 되어야 할 것일세![41]

인간에 관한 환상적 이야기

우선 자네들이 제일 먼저 배워야 할 것은 인간의 본성이 무엇이고, 그 본성이 겪었던 것들은 무엇인지에 대해서라네. 사실 아주 먼 옛날에 우리의 본성은 오늘날 인간의 본성과는 다른 종류의 것이었다네. 첫째로 인간은 오늘날처럼 남성과 여성의 양성이 아니라 세 종류로 나뉘어 있었음을 알아야 하네. 그런데 이 세번째 종류의 인간은 남성과 여성 모두와 공통점을 지니고 있으며 그것을 지칭하는 이름은 오늘날에도 남아 있지만 그 실재 자체는 사라졌다네. 사실 자웅동성[42]은 그 옛날에는 하나의 독립된 종이었으며, 형태상으로나 이름상으로 모두 남성과 여성의 공통점을 지니고 있었다네. 어쨌든 그 종은 오늘날에는 사라져서 존재하지 않고, 단지 그 명칭만 특정의 사람을 비난할 때 쓰이고 있다네. 두번째로 알아야할 것은 이 종이 한 몸으로 이루어져 있어, 둥그런 등과 원형의 옆구리를 지니고 있었다는 사실이라네. 그들은 네 개의 손과 네 개의 다리를 지니고 있고 완벽하게 둥그런 목 바로 위에 완전히 서로 똑같은 두 개의 얼굴이 반대로 놓여 있고 그 위에 하나의 머리가 붙어 있다네. 그들의 귀는 네 개이고 수치스러운 부분도 두 개인데, 그 나머지 것들은 모두 지금까지 살펴본 것들로부터 상상할 수 있을 것이네. 걸음걸이를 보자면, 그들은 지금처럼 자신들이 원하는 방향이면 어디로든지 똑바르게 갈 수도 있고, 빨리 달려가고 싶을 때에는 마치 지상 회전을 하는 사람들처럼 다리를 원모양으로 회전하며 앞으로 곧장 갈 수도 있다네. 이때 그들은 여덟 개의 사지를 지지점으로 이용하여 수레바퀴 모양이 되어 빠르게 앞으로 나아가는 방법을 쓴다네.

그런데 인간은 어떠한 이유로 세 종으로 나뉘어졌고, 또 다음과 같이 구성되어졌겠는가? 사실 남성은 본래 태양의 자식이고 여성은 지구의 자식이며, 그 두 종의 성질을 모두 지닌 이 세번째 종은 달의 자식인데, 그 이유는 달이 그 두 행성에 모두 관여하고 있기 때문이라네. 그리고 그들의 형태가 동그랗고 그들의 걸음걸이 또한 원형을 띠고 있는 것은 그들이 자신의 조상들과 닮았기 때문이라네. 그리하여 그들은 대단한 힘과 능력 그리고 오만함까지 지녀서 신들을 공격할 정도였다네. 호메로스가 에피알토스와 오토스에 대하여 이야기하였던 것,[43] 즉 하늘을 침범하려고 했었던 사람들에 대한 이야기도 실은 그 당시의 인간들에 대한 이야기라네. 사실 그 당시의 인간들은 신들에게 대들었으니까 말일세!

그런데 제우스와 그 밖의 여러 신들은 이제 어떻게 해야 할지 숙고해봤으나 뾰족한 수가 없어서 매우 당황했었다네. 사실 신들은 인간들을 죽일 수도, 거인족에게 그랬던 것처럼 벼락을 쳐서 멸종시킬 수도 없었고——그리할 경우 신들은 인간들이 바치는 제사와 공물을 받아먹을 수가 없게 될 것이니까 말일세——, 그렇다고 해서 그들의 방종을 참을 수도 없었다네. 제우스는 한참 고민한 끝에 다음과 같이 말했다네! '나는 인간들이 지금보다 약해져서 더 이상 오만하지 않도록 만드는 방법을 발견했노라! 이제 나는 인간들 각각을 둘로 나누겠다. 그러면 인간들은 더 약해질 것이고 또한 동시에 그 숫자가 증가함으로 인해서 우리 신들에게는 더 유익하게 될 것이니라. 그리하여 인간들이 두 다리로 똑바로 서서 걸어다니게 만들겠노라. 그럼에도 불구하고 만약에 인간들이 또 불손하게 굴고 소요를 일으키려 할 때에는, 나는 그들을 다시 둘로 나누어서 외발로 뛰어 다닐 수밖에 없도록 만들겠노라.'

이렇게 말하면서 제우스는 마치 저장 식품을 만들기 위해

마가목 열매를 자르는 사람처럼 또는 달걀을 말총으로 자르는 사람처럼 인간들을 둘로 잘랐다네. 제우스는 아폴론에게 e 이렇게 나뉜 사람들의 얼굴과 목의 반쪽을 잘려나간 쪽으로 돌려놓도록 명령했는데, 그것은 인간이 항상 자신의 잘린 단면을 보면서 좀더 분별력을 지닐 수 있도록 하기 위해서였다네. 그리고 제우스는 잘린 다른 부분들도 치료하도록 아폴론에게 명령했다네.[44] 그리하여 아폴론은 사람의 얼굴을 돌려놓고 온 신체의 피부를 오늘날 배로 불리는 부분으로 당겨서, 마치 염낭을 묶듯이, 배 중앙에 하나의 주둥이가 만들어지도록 단단히 묶었다네. 이 주둥이가 바로 우리가 배꼽이라 부르는 부분이라네. 그리고 주름의 대부분을 펼쳐서 가슴에 191 붙여주었는데, 그러기 위해서 그는 가파치가 나무로 된 목형 위에 가죽을 올려놓고 펴듯이 그와 비슷한 도구를 사용하였다네. 그때 아폴론은 배꼽 주위에 약간의 주름을 남겨놓았는데, 그것은 인간들이 예전의 자기 상태에 대한 기억을 가질 수 있도록 하기 위함이었네. 이렇게 인간의 본래 상태가 둘로 나뉘어졌기 때문에, 그 나뉘어진 각각은 자기 자신의 또 다른 반쪽을 갈망하면서 그것과의 합일을 원하게 되었다네. b 그래서 그들은 팔로 상대방을 껴안고 서로 얼싸안으며 한 몸이 되기를 원하고, 상대방 없이는 아무것도 하려 하지 않아서 굶주림 또는 무기력으로 죽을 지경에 이르렀다네. 그리하여 그 반쪽들 중에서 하나가 죽고 다른 하나가 살아남게 될 때마다, 그 살아남은 반쪽은 다른 상대방을 찾아서 그 상대방과 결합을 하려고 드는데, 그 상대방이 순전한 여성[45]의 반쪽이든—오늘날 우리가 여성이라고 부르는바— 순전한 남성의 반쪽이든 전혀 상관하지 않았기 때문에, 결국 그 종은 사라질 수밖에 없게 되었다네. 사실 그때까지는 그 수치스러운 부분들이 밖에 있었기 때문에, 인간들은 상대방 몸 속에 생식을 하여 아이를 낳는 것이 아니라, 매미처럼 땅속에 생식을 하여 아이를 낳아왔다네. 그래서 제우스는 인간의 수치스러운 그 부분들을 앞으로 옮겨놓음으로써 인간들이 생식 기관들을 이용하여, 즉 남성의 그것을 여성의 그것 속에 삽입함으로써 자식을 낳을 수 있도록 만들었다네. 이러한 일련의 작업들의 목적은 다음과 같다네. 즉 남성과 여성이 만날 경우에는 그 결합을 통해 아이를 낳음으로써 종의 재생산이 일어나도록 하고, 남성과 남성이 만날 경우에는 그 결합으로부터 서로 함께 있음에 대한 포만감에 질려 그 자체를 중단하고 오히려 어떤 보람된 행위를 향하여 지금까지와는 전혀 다른 삶에 전념하도록 만들어주려는 데 있었지. 그러므로 인간들 서로에 대한 사랑은 그 먼 옛날부터 인간의 본성 속에 자리 잡고 있었고, 인간의 원초적 본성을 결합시켜주는 역할을 해왔으며, 둘을 하나로 만들어주는 작업을 통해 인간의 본성을 치료해왔다고 볼 수 있다네.

원시 상태의 인간들이 나눈
사랑의 여러 형태

 결과적으로 우리들 각자는 하나가 둘로 나뉘어진 존재 즉 반편(半片)의 사람이어서, 그 모습이 마치 넙치 같다네. 그리하여 우리들 각각은 자기로부터 나뉘어져 나간 또 다른 반편을 끊임없이 찾게 되는 것이라네. 따라서 남자들 중에서 그 옛날에 자웅양성으로 불리었던 이러한 혼합적 존재가 반으로 나뉘어 남자가 된 사람들은 여자들을 매우 좋아하고 이 종에서 많은 색광들이 나온다네. 마찬가지로 남자를 밝히고 간통죄를 저지르는 여자들도 이 종에서 주로 나온다네. 반면에 본래 순전히 여성적인 존재가 나뉘어져 반편이 된 여성들은 남자들에 전혀 관심이 없고 오히려 여성들에게 친근감을 느끼며, 이러한 부류로부터 레즈비언들이 생겨나는 법이라네. 마지막으로 순전히 남성적인 존재가 나뉘어져 반편이 된 남자들은 남자들만 따라다니기 마련인데, 그들은 소년 시절에는 진정한 남성의 축소형[46] 같아서, 성인 남자들을 사랑하고 그들과 동침하는 육체적 결합 속에서 즐거움을 찾기도 한다네. 이들이야말로 가장 남성다운 자들이기 때문에 청소년들 중에서도 가장 훌륭한 자들이라 할 수 있다네. 어떤 사람들은 그들을 불순하다고 이야기하기도 하나 그 말은 틀린 것

이네! 왜냐하면 그들은 불순한 동기에서가 아니라 자기 확신
과 용기 그리고 남성다움 때문에 자신들과 비슷한 사람들을
사랑하기 때문이지. 그 가장 커다란 증거는 그 같은 소년들
만이 나중에 성장했을 때 국가를 위해 헌신하게 된다는 사실
속에서 찾아볼 수 있다네.[47]

b 그들은 성인이 되었을 때 자연스런 본성상 소년들을 사랑
하고 결혼과 자식 낳는 일에는 관심을 기울이지 않지만, 관
습상 할 수 없이 결혼을 하고 아이를 갖는 것이라네. 그래서
그들은 결혼하지 않고 그들끼리 서로 함께 살아가는 것도 충
분히 하나의 삶의 방식이 될 수 있다고 생각한다네. 따라서
그 같은 사람들은 소년을 사랑하고 연인들을 아끼는 법이지.
마찬가지로 그들이 언제나 자기들과 비슷한 사람을 좋아하
기 때문이라네!

만약에 어떤 사람이 우연히 본래 자기 자신의 반쪽을 만나
c 게 되는 경우에는, 소년애에 빠진 사람들뿐만 아니라 어느
누구라도 우정이나 친족감 또는 사랑과 같은 경이로운 감정
에 사로잡혀 그 상대방과 한순간도, 말로 표현하자면, 떨어
지지 않으려고 할 것이네. 그리고 그러한 감정 때문에 그들
은 평생을 함께 살아도 상대방이 자신에게 해주기를 바라는
바가 무엇인지를 말로 표현하지 못한다네. 사실 어느 누구도
한 사람이 다른 사람과 그렇게 진지하게 함께 살기를 원하는
이유가 육체적 사랑의 기쁨을 공유하려는 목적에 있다고 믿

지는 않을 걸세. 각자의 영혼이 원하는 것은 그러한 것과는 전혀 다른 것임은 분명하나, 그것이 무엇인지는 말로 표현하지 못하고 단지 추측하여 상대방에게 어렴풋이 암시할 뿐이라네. 만약에 그들이 같은 침대에 누워 있을 때, 그 옆에서 연장을 든 헤파이스토스[48]가 다음과 같이 묻는다고 생각해보게. '인간들이여! 그대들은 그렇게 함께 있으면서 자신들에게 무슨 일이 일어나기를 원하는가?' 그리고 대답을 못 해 어쩔 줄 모르고 있는 그 인간들에게 헤파이스토스가 다시 다음과 같이 묻는다고 생각해보게. '자네들이 밤낮으로 서로 떨어지지 않고 붙어 있으면서 정말로 원하는 것은 가능한 한 서로가 하나가 되려는 것 아니겠는가? 그대들이 원하는 것이 진정으로 그렇다면, 나는 둘인 자네들을 하나가 되도록 만들어 즉 그대들이 살아 있는 동안에는 각자가 모두 하나가 되어 살고, 죽음도 동시에 맞이하며 죽은 후에도 저 피안의 세계에서 하나로 살 수 있도록, 자네들을 녹인 다음[49] 화로의 불을 함께 불어서 하나로 만들어주고자 하네. 그러니 자네들이 원하는 것이 바로 그것이고, 그러한 운명과 마주했을 때 자네들이 만족해할지 한번 살펴보게나.'

이러한 말을 듣고서, 우리가 알기에, 만족하지 않는다고 하거나 그와는 다른 어떤 것을 원한다고 말할 사람은 아무도 없을 걸세. 오히려 각자 아무 주저 없이 그 옛날부터 원해왔던 것 ─즉 자기가 사랑하는 사람과 결합하여 두 존재자가 하나로 되는 것 —을 들었다고 생각할 것이네. 그 상태야말로 우리들의 원초적 본성은 하나이었고 우리들이 한 몸이었다는 느낌을 갖게 해주기 때문이라네. 그래서 우리는 그 하나가 되고자 하는 욕망과 노력을 사랑이라는 이름으로 부르게 된 것이라네. 반복하건대 확실히 전에는 우리가 하나였었다네! 그런데 오늘날의 우리는 우리가 저지른 오만 때문에, 아르카디아인이 라케다이모니아인들에 의해 강제로 분산되어 살게 되었듯이,[50] 신에 의해서 분할된 것이라네! 그렇기 때문에 만약에 우리가 신들에게 조신하게 굴지 않는다면, 우리 인간들은 또 한번 반으로 나뉘어 주사위[51]의 운명처럼 이리저리 굴러다니는 신세가 되지 않을까 두려워하고 있는 것이라네! 그래서 우리는 에로스를 우리의 안내자 및 지도자로 삼아 불행한 일들을 피하고 좋은 일들만 만날 수 있도록 모든 사람들에게 경건한 행동을 권고할 필요가 있다네. 즉 우리 중 어느 누구도 에로스를 거역하는 행위를 해선 안된다네!—그 신을 거역하는 사람은 모든 신들로부터 미움을 받게 될 것이니까— 사실 에로스와 친구가 되어 좋은 관계를 유지하면, 우리들은 우리들 자신과 다름없는 연인들과 사귈 수 있게 될걸세. 오늘날 그러한 사랑을 할 수 있는 사람은 극히 드물지만 말일세. 그런데 내가 방금한 말을 자네 에릭시마코스는 내가 파우사니아스와 아가톤에 대해 이야기하고 있는 것으로 오해하여 내 말을 웃음거리로 만들지 않았으면 좋겠네. 왜냐하면 이 사람들이야말로 방금 말한 그 러한 극소수의 부류에 속하는 사람들이고, 둘 다 모두 본성 상 진정한 남자들인 것 같으니까 말일세.[52] 적어도 내가 말하고자 하는 것은 남자든 여자든 간에 모든 사람들은, 사랑을 완수하고 각자가 자신과 다름없는 연인을 만나 본래의 원초적 본성을 실현시키는 경우에만 비로소 행복해질 수 있다는 점이라네. 따라서 그러한 사랑을 하는 것이 가장 좋은 것이라면, 현실적 여건 속에서 그러한 상태에 가장 가까이 가는 것이 최선의 것임은 필연적이라네. 그런데 그러한 최선의 것은 자기 자신이 원하는 본성을 지닌 연인을 만나는 것이라 할 수 있네.

이러한 사랑이 신으로 인해 가능하다고 말하면 우리는 에로스를 올바르게 칭송하는 셈이 되는데, 그 이유는 이 신이 현재의 우리를 우리의 고유한 상태로 이끄는 과정에서 가장 많은 도움을 주고, 또 미래에 대한 가장 커다란 희망을 제공해주기 때문이라네. 또한 이 신은 신에 대한 경건한 마음을 우리에게 심어주고 우리의 원초적 본성을 되살리고 치료해줌으로써 우리를 완전히 행복하게 만들어줄 것이기 때문이라네."

막간극

"지금까지 말한 것이, 에릭시마코스여! 에로스에 대한 나의 이야기인데, 그것은 자네의 이야기와 조금 다르다고 볼 수 있네! 어쨌든 자네는, 내가 부탁하였듯이, 에로스를 웃음거리로 만들지 말아주게나! 이제 남은 사람들 중에서 각자가 어떻게 이야기할지를 들어보아야 하지 않겠나? 아니 정확히 말하면, 두 사람 중 각각이라고 해야 더 맞을 것 같네! 왜냐하면 이제 아가톤과 소크라테스님만 남았으니까 말일세!"라고 아리스토파네스는 말했다네.

그러자, 에릭시마코스가 다음과 같이 답했다네. "그렇다면 나는 자네의 말을 따르겠네. 사실 나는 자네의 말을 듣는 것이 즐거웠으니까 말일세. 만약에 내가 사랑의 문제에 관하여 소크라테스님이나 아가톤이 얼마나 대가인가를 알지 못했다면, 이미 사랑에 관하여 많은 이야기와 다양한 견해가 피력되어졌기 때문에 아마도 나는 그분이 더 이상 할 말이 없지 않을까 염려했을 것일세. 그렇지만 나는 그분들이라면 전혀 문제가 없으리라 믿네."

그리하여 소크라테스님께서 말씀을 시작했다네. "에릭시마코스여! 자네는 진정으로 이 찬양의 경기 대회에서 잘 싸웠네. 그렇지만 만약에 자네가 지금 처한 상황이나 또는 아가톤이 훌륭하게 이야기하고 난 다음에 내가 아마도 분명히 처하게 될 상황에 부딪힌다면, 자네도 매우 두려워할 것이고 또한 지금 내가 느끼고 있는 모든 상태의 감정도 느끼게 될 걸세."

그러자 아가톤이 말했다네. "소크라테스여! 선생님은 제게 마법을 걸어, 청중들로 하여금 제가 훌륭한 말을 할 것이라고 잔뜩 기대하게 만들려고 하시는군요."

"아가톤이여!" 소크라테스님은 말했다네. "자네가 자네의 배우들과 함께 무대에 올라가서 보여준 용기와 당당함을 보았던 내가, 그리고 그렇게 많은 관객 앞에서도 전혀 떨지 않고 작품을 소개하던 자네의 모습을 지켜보았던 내가, 이제 와서 우리 몇 안 되는 사람 때문에 자네가 흔들릴 것이라고 생각한다면, 나는 건망증이 심한 사람이 아니고 무엇이겠는가?"

"무슨 말씀이십니까?" 아가톤이 말했다네. "소크라테스여! 선생님께서는 제가 상식이 있는 사람에게는 소수의 현자가 다수의 무지한 사람들보다 훨씬 더 두려운 존재로 보인다는 사실도 모를 정도로 이 상황에 사로잡혀 있다고 생각하시지는 않겠지요?"

그러자 소크라테스께서 말씀하셨네. "아가톤이여! 자네를 두고 내가 고상하지 못한 것을 생각하는 것이 나로서는 정말로 유쾌한 일이 아닐세. 물론 나는 자네가 현자라고 판단되는 사람들을 만났을 경우에는 그들을 일반인보다 더 존중하리라는 것을 잘 아네. 그렇지만 우리들은 그러한 현자가 아닐세. 왜냐하면 우리는 그곳 극장에 있었고, 따라서 우리도 대중들과 다를 바 없었으니 말일세. 그러나 만약에 자네가 어떤 현인들을 만나, 그 앞에서 어떤 부끄러운 행동을 하였다고 생각한다면, 자네도 그들에 대해 수치심을 느낄 것이네. 자네는 그러한 경우 달리 할 말이 있는가?"

"선생님 말이 옳습니다." 아가톤이 답했네.

계속해서 소크라테스님이 말씀하셨네. "반면에 자네는 대중 앞에서는 설령 자네가 부끄러운 일을 저질렀다고 생각하여도 수치심을 안 느낄 것 아닌가?"

그러자 파이드로스가 끼어들어 말하기 시작했다고 하네. "친애하는 아가톤이여! 만약에 자네가 소크라테스님의 물음에 대답만 한다면, 지금의 논의가 어떻게 전개되고 어떤 결론에 도달하는지는 그분께 그리 중요치 않을 걸세. 물론 자네가 특별히 훌륭한 대화 상대로서 대답한다면 말일세. 실은 나는 소크라테스님의 대화를 듣는 것을 즐거워한다네. 그렇지만 나는 에로스에 대한 찬양이 제대로 진행되는지를 보살피고, 자네와 소크라테스님 모두가 한 사람씩 모두가 이야기를 하도록 유도할 의무를 지니고 있다네. 그러므로 이제부터 자네는 소크라테스님과 따로따로 에로스에게 헌주를 하고 그분과 함께 대화를 나눠보시게."

그러자 아가톤이 말했다네. "오! 파이드로스여! 자네가 잘 이야기했네. 이제 내가 이야기하는 데 방해될 것은 아무것도 없는 셈이네. 왜냐하면 나는 이제부터 소크라테스님과 여러 번 대화를 나눠야 될 테니까 말일세!

아가톤의 이야기

우선 내가 어떤 방식으로 이야기해야 할지 그 방법에 대해 먼저 말하고, 그 다음에 내 생각을 이야기해보도록 하겠네![53] 사실 지금까지 앞에서 말했던 모든 사람들은, 내가 보기에는, 신에 대해서 찬양한 것이 아니라, 신이 인간들에게 선사한 좋은 것들과 관련하여 인간들을 축복했을 뿐이라네. 그러니 어떤 종류의 사람에게 이러한 좋은 것들이 주어지게 되는지에 대해서는 아무도 말하지 않은 셈이네.

그런데 모든 칭찬에 있어서 유일한 올바른 방법은 그 칭찬의 대상이 어떠한 것이 되었든, 칭찬의 근거가 어떠한 것인지를 말로써 설명해주는 것이라 할 수 있네. 따라서 우리도 이 같은 방식으로 에로스를 칭찬하는 것, 즉 처음에는 그가 어떠한 신인지를 밝히고 그 다음에 그 신이 인간들에게 베풀어준 것들을 칭찬하는 것이 올바른 방법일 것이네.

195

사랑의 본성

나는 행복한 존재들인 모든 신들 가운데에서도 에로스야말로 가장 행복한 신이라고 주장하고 싶네——만약에 그렇게 말하는 것이 하늘의 이치에 들어맞고 신들의 질투를 사지 않는 것이라면 말일세. 그 이유는 에로스가 신들 중에서도 가장 아름답고 훌륭한 신이기 때문이라네. 그런데 그를 가장 아름다운 신으로 여기는 것은 그가 다음과 같은 본성을 지닌 신이기 때문이지. 파이드로스여! 첫째로 에로스는 신들 중에서 가장 젊은 신이라네! 이러한 주장의 가장 결정적인 증거는 에로스 자신이 제공해주고 있다네. 즉 늙음이란 것은 본래
b 우리가 생각하는 것보다 훨씬 더 빠른 속도로 우리에게 다가오는 법인데, 에로스는 그러한 늙음마저도 비호같이 피해버리니까 말일세. 사실 에로스는 그 본성상 늙음을 증오하여, 멀리서부터 이미 그것에 접근조차 하지 않으려고 한다네. 그 신은 늘 젊은이들과 사귀고 그들과 함께 있다네. 유유상종이라는 옛 격언이 그러한 상황에 딱 들어맞는다고 할 수 있네. 그런데 나는 다른 많은 점에 대해서는 파이드로스의 견해에 동의하지만, 에로스가 크로노스와 이아페토스[54]보다 더 오래된 신이라는 주장에 대해서는 동의할 수가 없다네. 그와는
c 반대로 나는 에로스가 신들 중에서 가장 젊으며, 그의 젊음

은 영원한 것이라고 주장하고 싶네. 그리고 헤시오도스와 파르메니데스가 신들에 관하여 말했던 그 오래 전의 사건들은, 그들이 말한 것이 옳다면, 여신 아낭케[55)]에게 일어난 것이지 에로스에게 일어난 것이 아니라네. 사실 만약에 에로스가 그러한 신들과 같이 있었다면, 다른 신을 거세[56)]하거나 묶어버리는 일[57)] 그리고 그외의 많은 폭력적인 사건들이 일어나지 않았을 것이고, 오히려 에로스가 신들을 통제하기 시작한 이후부터 그랬듯이, 오늘날처럼 신들 사이에 우정과 평화가 깃들게 되었을 것이네.

에로스가 젊다는 것은 이제 확실한 것 같네. 그런데 그는 젊을 뿐만 아니라 경묘(輕妙)하기도 하다네. 그러나 그의 경묘함을 제대로 표현해주려면, 호메로스 같은 시인이 필요한 법이지. 사실 호메로스는 아테가 여신일 뿐만 아니라, 경묘하다고——특히 그녀의 발이 경묘하다고——묘사했었다네.

> 그녀의 발은 경묘하기도 하도다.
> 대지 위를 걸어다니지 않고,
> 인간의 머리 위를 걸어다니기만 하니![58)]

나는 호메로스가 이 여신이 단단하지 않고 물렁물렁한 것 위를 걸어다닌다는 특성을 증거 삼아, 그의 경묘함을 훌륭하게 표현해주었다고 생각하네. 그러면 우리도 에로스에 대해

e 똑같은 특성을 들어 그도 경묘한 신이란 사실을 밝혀보도록 하세. 그는 땅 위로 다니지도, 어느 정도 단단한 사람의 머리 위로 다니지도 않고, 모든 사물들의 가장 무른 부분들 속에서만 걸어 다니며 또 살고 있으니까 말일세. 사실 그는 신들과 인간들의 심성과 영혼 속에 보금자리를 틀고 있다네. 그렇지만 그는 아무 영혼들 속에나 무조건 들어가는 것은 아니라네. 즉 그는 이미 단단하게 굳어버린 심성을 가진 영혼을 만나면 멀리 달아나버리고, 무르고 유연한 심성을 가진 영혼을 만나면 곧장 그 속에 둥지를 트니까 말일세. 이렇게 그는 언제나 가장 무른 심성과 영혼을 지닌 사람들 속의 가장 무른 부분들을 자신의 발과 신체의 다른 모든 부분들을 이용하여 꽉 붙잡고 있기 때문에 필연적으로 가장 경묘한 신일 수밖에 없지 않겠는가?

196 이렇듯 에로스는 가장 젊고 경묘한 신이라 할 수 있네. 그런데 그는 이러한 특성 외에도 본질적으로 물과 같이[59] 유연한 특성을 지니고 있다네. 만약에 그가 유연하지 못하고 굳어 있다면, 그는 자신을 변화시켜 다른 것들을 전체적으로 둘러싸지도 못할 것이고, 모든 영혼 속으로 아무도 모르게 스며들어가고 또 빠져나오는 일도 못할 것이네. 그가 다른 것들에 자신을 자유롭게 맞출 수 있는 유연한 성격을 지녔음을 나타내주는 가장 큰 징표는 그의 우아한 모습 속에서 찾아볼 수 있다네. 에로스가 다른 것들과 구별되는 우아함을

지니고 있다는 것은 모든 사람들이 동의하는 바이지. 사실 비천한 모습과 사랑 사이에는 영원한 투쟁이 일기 마련이네. 에로스의 꽃다운 청춘기의 삶은 그의 형색의 아름다움을 잘 나타내주고 있다네. 왜냐하면 에로스는 더 이상 꽃이 피지 않거나 아예 시들어버린 육체나 영혼 또는 다른 어떠한 것에도 깃들지 않고, 꽃이 활짝 피어 있고 향기로 가득 찬 곳만 골라 머물기 때문이라네.

b

에로스의 아름다움에 관해서는 지금까지 이야기한 것으로 충분하리라 생각되네. 비록 아직 할 말은 더 많이 남아 있지만 말일세. 이제부터는 그의 탁월성에 대해서 말해야만 하겠네. 가장 중요한 점은 에로스가 신이나 인간에 대해 부당한 일을 저지르지도 않고 신이나 인간에 의해 부당한 일을 당하지도 않는다는 사실이라네. 사실 에로스는 어떤 일을 당할 때에도 강제적으로 당하는 법이 없고—왜냐하면 폭력은 에로스를 건드리지 않기 때문에—, 자신이 어떤 일을 행할 때에도 강제로 행하는 법이 없다네—왜냐하면 모든 사람은 어떤 일을 하든, 자발적으로 에로스를 섬기기 때문에—. 그런데 자발적으로 행동하는 사람들끼리 동의한 것이야말로 *도시국가의 여왕인 법 혹은 관습이 정의*[60]라고 규정한 것이라네.

c

에로스는 정의 외에 절제에도 폭넓게 관여하고 있다네. 사실 절제가 쾌락과 욕망을 지배한다는 것은 모든 사람들이 동

향연 99

의하는 바이네. 그런데 에로스보다 더 강한 쾌락은 절대로 존재하지 않지! 만약에 쾌락이나 욕망이 에로스보다 열등해서 에로스에 의해 지배를 받고 그리하여 마땅히 에로스가 그것들의 지배자로 불린다면, 에로스는 뛰어난 절제력을 지닌 자가 아니고 무엇이겠는가?

d

이제 용기로 이야기를 옮겨보세. 아레스[61]도 에로스에게는 필적하지 못한다네. 그것은 아프로디테의 에로스에 관한 전설이 잘 말해주고 있듯이,[62] 아레스가 에로스를 휘어잡은 것이 아니라 에로스가 아레스를 휘어잡고 있기 때문이네. 사실 휘어잡고 있는 자가 휘어잡힌 자보다 더 강한 것은 당연하지 않겠나? 따라서 에로스는 신들 중에서 가장 용감한 아레스를 지배하고 있기 때문에, 모든 존재자들 가운데에서 가장 용감한 자가 되는 셈이지.

여기까지 에로스가 지닌 정의와 절제 그리고 용기에 대해서 고찰했으니 이제는 그의 지혜에 대해서 이야기하는 일만 남았는데, 우리는 가능한 한 하나도 빠뜨리지 않고 이야기해보도록 노력하세나. 우선 나는 에릭시마코스가 자신의 기술에 대해 그렇게 했듯이, 이번에는 우리들의 기술을 빛내볼까 하네.

e

사실 에로스는 어떠한 사람도 시인으로 만들 수 있을 만큼 유능한 창작자라 할 수 있네. 왜냐하면 그전에 아무리 무사 여신에 대해 무지하였던 사람이라 할지라도,[63] 에로스의 손길이 닿기만 하면 그 누가 되었든 모두 시인이 되기 때문이지. 우리는 바로 이 점을 증거 삼아 에로스가 일반적으로 모든 창작 특히 예술적 창작에 있어 훌륭한 창작자라는 것을 증명함이 마땅하지 않겠나? 왜냐하면 어느 누구도 자신이 갖고 있지 않거나 모르는 것을 다른 사람에게 줄 수도, 가르칠 수도 없으니 말일세. 그리고 모든 생물의 창조에 관해서 살펴볼 때, 어느 누가 모든 생물들을 낳고 성장하게 하는 기술이 에로스의 기술이 아니라고 반론을 펼 수 있겠나? 다른 실제적 기술들에 관해서도 살펴보세.[64] 우리는 에로스를 스승으로 모시고 있는 사람은 이름을 빛내는 중요한 사람이 되고, 에로스의 손길이 전혀 닿지 않은 사람은 이름 없는 사람으로 어둠 속에 묻혀버린다는 사실을 알지 않는가? 사실 아폴론도 욕구와 사랑에 힘입어 궁술과 의술 그리고 예언술을 발견할 수 있었다네! 그리하여 아폴론이 에로스의 제자가 된 것처럼 무사 신들은 음악에 있어서, 헤파이스토스는 야금술에 있어서, 아테네는 직조술에 있어서 그리고 제우스는 신과 인간들을 지배하는 기술에 있어서 모두 에로스의 제자가 되는 셈이라네. 결국 에로스가 태어나면서부터 신들 사이의 분쟁도 조정되어졌는데, 아름다운 것에 대한 사랑이 — 왜냐하면 사랑은 추한 것 옆에는 절대로 가지 않으므로 — 그러한 조정의 원리로 작용하고 있음은 명백하다네. 사실 그전에는, 처음에 내가 이야기하였듯이, 많은 무시무시한 일들이, 전설에 따르면 말이지, 신들에게 일어났었는데, 그것은 여신 아낭케가 지배하고 있었기 때문에 일어난 것이라네. 그러나 이 에로스가 태어난 이후부터는 아름다운 것에 대한 사랑으로부터 모든 좋은 것들이 신들과 인간들에게도 나타나게 되었다네.

에로스 신의 훌륭한 행위들

c 파이드로스여, 이렇게 에로스는 우선 그 자신이 가장 아름답고 훌륭한 신이고 다음으로 다른 존재자들에게 여러 탁월성들을 부여했다고 나는 생각한다네. 그래서 그에 관한 나의 생각을 다음과 같이 시로써 표현하게 되었네. 즉 에로스는

   인간들에게 평화를, 바다에게는 고요함을, 바람에게는 잠들 수 있는 휴식을, 고통에 빠진 사람에게는 깊은 잠을 주는 자

d 라고 말일세! 에로스야말로 우리들에게서 서로 낯설게 느끼는 감정을 없애주고, 그 대신 서로를 한 식구처럼 친근하게 느끼는 감정으로 채워준다네. 사실 우리는 그의 율법에 따라 지금 이 모임과 같은 다른 모든 모임들도 함께 가질 수 있는 것이라네. 그는 축제나 합창단의 행렬 그리고 신에게 제물을 바치는 종교 의식의 주재자 역할을 할 뿐만 아니라, 부드러운 성격을 형성해주고 비사교적인 조야성은 쫓아내버

린다네. 그는 남에게 선물을 베푸는 일에는 관대하고 반대로 남에게 인색한 것은 매우 꺼려한다네. 그는 선행을 베푸는 것에 우호적이며 현자들에게는 명상의 대상이 되고 신들에게는 찬양의 대상이 된다네. 그는 운이 없는 사람들에게는 선망의 대상이 되고, 운이 좋은 사람들에게는 소유의 대상이 된다네. 그는 섬세함의 신 트루페, 우아함의 신 하브로테스, 고상함의 신 클리데, 매력의 신 카리토스, 열정의 신 히메로스, 갈구의 신 포토스의 아버지이며, 훌륭한 자들에 대해서는 항상 보호자 역할을 하지만, 악한 자들에게 전혀 관심을 쏟지 않는다네. 그는 우리가 고통이나 공포에 휩싸이거나 열정에 빠져 있을 때, 그리고 논쟁을 해야 할 경우에 우리를 인도해주는 선장 뿐만 아니라 문제와 직접 맞서서 싸우는 수병(水兵) 역할도 해준다네![65] 그는 가장 훌륭한 지원자이자 원조자이고, 신과 인간들 모두에 대해 질서의 원리가 되어준다네. 그는 가장 완벽하고 훌륭한 지휘자이기 때문에, 모든 사람들은 모든 신과 인간들의 생각을 매료시키는 그의 노래를 함께 부르지. 그를 찬양하는 노래를 잘 부르기 위해서는 그의 자취를 따라가야만 한다네. 파이드로스여! 나의 이러한 이야기, 즉 내가 할 수 있는 한 최대로 지적 유희와 진지함을 적절하게 섞어가면서 말한 이 이야기가 사랑의 신에 대한 칭송으로서 들려졌으면 좋겠네!"

소크라테스의 끼어듦

아가톤이 이렇게 말하고 나자 그 연회에 참석했던 모든 사람들은 젊은 사람이 자기 자신뿐만 아니라 신에 대해서도 잘 어울리는 의견을 진술하였다고 찬사를 보냈다네.

그러자 소크라테스께서 에릭시마코스를 바라보면서 말씀하기 시작했다네. "오, 아쿠메노스의 아들이여! 자네 눈에는 아직도 내가 두려워할 필요가 없는 것을 두려워하는 사람으로 보이고, 아가톤은 훌륭하게 이야기할 것이지만 나는 형편없이 헤맬 것이라고 했던 좀전의 내 이야기가 예언가의 말처럼 들리지 않는단 말인가?"

에릭시마코스가 답했다네. "말씀하신 것 중에서 한 가지, 즉 아가톤이 훌륭하게 이야기할 것이라는 대목은 예언가의 그것처럼 생각되어지지만 또 다른 것, 즉 선생님께서 헤매게 될 것이라는 말씀은 수긍하기가 힘들군요."

"그렇다면, 친애하는 에릭시마코스여!" 소크라테스께서 이어서 말했다네. "나뿐만 아니라 말하고자 하는 다른 어떤 사람도 마찬가지겠지만, 이렇게 훌륭하고 현란한 이야기가 나온 후에 내가 어떻게 헤매지 않고 말할 수 있겠는가? 물론 아가톤이 말한 것들 중에서 어떤 부분들은 예상했던 것만큼 놀랍지는 않았지만, 마지막 부분에서 그가 사용한 어휘와 문장의 표현을 들으면 어느 누가 그 아름다움에 넋을 잃지 않을 수 있겠나? 적어도 나 자신은 그와 견줄 만큼의 훌륭한 이야기는 할 수 없을 것이라는 생각에 창피해져서, 만약에 찾을 수만 있다면 쥐구멍에라도 들어가고 싶은 심정이라네! 게다가 그의 말은 고르기아스를 상기시켜서, 나로 하여금 호메로스가 노래 속에서 읊었던 감정[66]을 그대로 느끼도록 해주지 뭔가? 사실 나는 아가톤이 이야기를 끝맺는 부분에서, 연설의 대가인 고르기아스의 머리를 보내어 내가 가진 말하는 능력을 없애버림으로써 나를 돌로 만들지는 않을까 하는 두려움을 느꼈었다네!

앞선 논의들에 대한 전체적 비판

이제야 나는 자네들과 마찬가지로 에로스에 대한 찬양에 동의하고서, 실제로는 어떠한 대상이 되었든 그것에 대해 어떤 식으로 칭찬해야 할지도 모르는 채 나 자신이 사랑에 관해서는 해박하게 알고 있다고 말했을 때, 내가 완전히 웃음거리가 되었음을 깨달았다네! 어리석게도 지금껏 나는 칭찬해야 할 각각의 대상에 대하여 참된 것만을 이야기해야 하고, 그렇게 참된 것만을 이야기함이 칭찬의 근거가 되어야 한다고 생각해왔으니 말일세.[67] 그리고 또한 이러한 참된 것 자체들로부터 가장 훌륭한 것들만을 선택하여, 그것들을 논의 속에서 가장 적합하게 결합시키기만 하면 된다고 생각했으니 말일세. 게다가 나는 칭찬의 대상이 어떠한 것이 되었든 그것의 본질을 알고 있기 때문에, 나 자신이 훌륭하게 말할 수 있으리라는 생각에서 나 스스로를 과대 평가하고 있었다네. 그런데 이제 보니 칭찬의 대상이 어떠한 것이 되었든, 그것을 훌륭하게 칭찬하는 방법은 그 대상의 본모습은 상관하지 않고 가능한 한 무조건 그 대상에 가장 거창하고 훌륭한 찬사들을 덧붙이는 것처럼 보이네 그려! 더구나 그 찬사가 거짓일 경우에도 전혀 문제로 삼지 않으니 말일세.[68] 그러니 우리는 우선 지금까지 각자가 에로스를 칭찬한 것처럼 보이긴 하지만 실제로는 전혀 칭찬하고 있는 것이 아니라는 사실을 인정해야만 할 것 같네. 바로 그 같은 이유에서, 내가 생각컨대, 자네들은 모든 미사여구를 에로스에게 부쳐주려고 힘쓰고, 그 신이 가장 아름답고 훌륭한 존재로 보이도록 만들기 위하여 그 신이 본성상 그렇게 아름답고 훌륭할 뿐만 아니라 그러한 아름다움과 훌륭함을 만들어내는 원인이라고 말하고 있네. 그러나 진상을 모르는 사람들의 눈에는 그렇게 보일지언정 그렇지 않은 사람들의 눈에는 그래 보이지 않을 것은 분명하다네. 자네들의 찬사는 정말로 대단하고 존경할 만한 것이었네. 그렇지만 나는 그러한 방식으로 칭찬을 해야 되는 건지 정말로 모르겠네. 그러한 방식의 찬사는 염두에 두지 않았기에, 나는 내 차례가 되면 에로스에 대해 칭송할 것을 자네들에게 약속했었던 것이네. 그러니 *내 혀는 비록 그렇게 약속을 하였지만, 내 본래 생각은 그렇지 않다는 것을 알아 두게나*.[69] 이제 그런 식의 찬사는 이 자리에서 떠나보내도록 하세! 왜냐하면 나는 그런 식으로 칭찬하지도 않고, 또한 칭찬할 수도 없을 테니 말이야. 어쨌든 자네들이 원한다면 나는 자네들 식의 찬사가 아닌 진리에 근거한 찬사를 이야기해 보겠네. 내 자신이 웃음거리가 되지 않기 위해서라도 나는 자네들의 달변에 대항해서가 아니라 내 말의 논리만을 쫓아서 이야기해야 하지 않겠나? 그러므로 파이드로스여! 자네는 에로스에 관한 참된 이야기들만을 듣게 만들고, 이야기할 때 사용될 단어들이나 문장의 표현 방식은 어떠한 것이 되어도 상관하지 않을 그러한 종류의 이야기를 듣고 싶은 건지 한번 살펴보게나."

제2부: 사랑에 대한 철학적 개념

아리스토데모스가 말하기를, 이 말에 대해 파이드로스와 다른 사람들은 소크라테스님에게 당신 자신이 말하고 싶은 방식대로 말해도 좋다고 양보하였다네.

소크라테스님이 말씀하셨다네. "그렇다면 파이드로스여, 자네는 내가 아가톤과 기본적인 것에 관하여 동의한 다음에 내 방식대로 말할 수 있도록, 그에게 사소한 몇 가지를 물을 수 있도록 허락해주게!"

c 파이드로스가 대답했네. "물론 허락하고 말고요! 어서 그에게 물어보시지요."

이러한 대화 다음 어디에서부터인가 소크라테스님이 말씀하기 시작하였다네.

아가톤과의 예비적 고찰

"친애하는 아가톤이여! 나는 자네가 에로스에 대하여 우선 그의 본성이 무엇이고, 그 다음에 그가 한 일들이 무엇인지를 밝혀야 한다고 말하면서 이야기를 시작한 점이 훌륭하다고 생각하네. 진심으로 나는 자네가 바로 그런 식으로 이야기를 시작한 점에 대해 매우 경탄해 마지않는다네. 자 그러면, 자네는 에로스의 본성이 어떠한 것인지에 대해 이미 많은 것들을 훌륭하고 당당하게 말했으니, 이번에는 다음과 같은 물음 즉 '에로스는 특정 대상을 사랑하는 것인지, 아니면 아무것도 아닌 것을 사랑하는 것인가?'에 대해 답해보게

d 나. 내가 묻고자 하는 것은 에로스가 특정의 어머니나 아버지에 대한 사랑인지를 묻는 것이 아니라——사실 에로스가 어머니나 아버지에 대한 사랑이냐 라는 물음은 우스꽝스러운 질문이 아닌가?——, 예를 들어 아버지 자체에 대하여 '아

버지는 특정인의 아버지인가 아니면 그렇지 않은가'를 묻는 것이라네. 자네가 훌륭하게 답하려고 한다면, 아마도 아버지는 아들이나 딸의 아버지라고 나에게 대답할 걸세! 그렇지 않은가?"

"물론 그렇게 대답할 것입니다."

"그렇다면 어머니에 대해서도 이와 같이 않겠는가?"라고 소크라테스님이 묻자 아가톤은 이 물음에 대해서도 동의하였다네.

"그렇다면 내가 원하는 것을 자네가 더 잘 이해할 수 있도록, 좀더 질문할 테니 대답해보게나. 만약에 내가 다음과 같이 '형제는 본래 그대로의 형제 자체로서 어떤 사람의 형제인가 아닌가?'라고 묻는다면 말일세!"

아가톤은 그렇다고 대답했다네.

"그렇다면 형제란 남자 형제나 자매의 그것이지 않겠는가?"라는 질문에 대해서도 아가톤은 동의했지.

"그렇다면 그와 같은 것을 에로스에게 적용해서 이야기해보도록 하게! 에로스는 그 아무것도 아닌 것에 대한 사랑인가 아니면 어떤 대상에 대한 사랑인가?"

"어떤 대상에 대한 사랑이라는 것은 확실하지요."

"자네는 바로 그 점을 즉 사랑은 어떤 대상에 대한 것이라는 점을 잘 기억하도록 주의를 기울이게! 그리고 에로스는 자신이 사랑하는 대상 바로 그것을 욕구하는지 그렇지 않은

지에 대해 이야기해보게나!"

"물론 바로 그 대상을 욕구하지요."

"그러면 에로스는 자신이 욕구하고 사랑하는 것을 갖고 있으면서 대상을 욕구하고 사랑하는가, 아니면 그것을 갖고 있지 못하면서 그것을 욕구하고 사랑하는가?"

"아마도 개연적으로[70] 그 대상을 갖고 있지 못하면서 욕구하고 사랑하는 것 같은데요."

b "그렇다면 결여된 것을 욕구한다거나, 또는 결여되지 않은 것을 욕구하지 않는 것이 단지 겉으로만 그렇게 생각되어지는 것이 아니라, 반드시 그렇게 생각되는 것인지를 살펴보게나. 아가톤이여! 놀랍게도 내 생각으로는 그것이 필연적으로 그러한 것처럼 여겨지는데, 자네 생각에는 어떠한가?"

"제 생각으로도 그것은 필연적으로 여겨지는군요."

"잘 이야기하였네! 이미 몸집이 큰 사람이면, 어느 누가 몸집이 커지기를 원하고, 이미 강한 사람이면 어느 누가 강해지기를 원하겠는가?"

"동의한 바에 따른다면, 그러한 일은 불가능하겠지요."

"사실 어떤 성질을 지니고 있는 사람에게 있어 그 성질이 결핍되어 있는 법은 없으니까 말일세!"

"선생님 말씀이 옳습니다."

"만약에 이미 강한 사람이 강해지기를 원하고 이미 빠른 사람이 빠르게 되기를 그리고 이미 건강한 사람이 건강하게 되기를 원한다면, 사람들은 아마도 그 같은 성질 또는 그와 비슷한 모든 성질들에 대해서도 이미 그러한 성질을 지닌 사람들이 그것을 또 원한다고 생각할 것이네. 그렇지만 내가 무엇 때문에 이러한 말을 하는지, 우리는 그 점을 착각하지 않도록 노력하세. 아가톤이여! 만약에 자네가 그 성질들에 대하여 고찰해보면, 그 각각의 성질들을 현재 소유함은 그 성질을 소유하고 있는 사람들에게 그들이 원하든 원하지 않든 간에 필연적으로 이루어진 현상임을 알게 될 것일세. 그렇다면 어느 누가 그러한 성질을 갈구하겠는가? 그러나 어떤 사람이 다음과 같이 '나는 현재 건강하지만, 계속해서 건강하기를 원하고, 현재 부자이지만 계속해서 부자가 되기를 원한다. 고로 나는 지금 지니고 있는 것을 원하고 있다'고 말한다면, 우리는 그 사람에게 다음과 같이 말할 것이네. '당신은 지금 부와 건강 그리고 힘을 갖고 있는데, 나중에도 여전히 그것들을 소유하기를 원하는 것입니다. 당신은 현재 당신이 원하든 원하지 않든 간에 그것들을 소유하고 있는데도 말입니다. 그러므로 당신이 '나는 현재 내가 갖고 있는 것을 갈구합니다'라고 말할 때, 당신은 '나는 현재 내가 갖고 있는 것을 나중에도 계속하여 갖고 있기를 원합니다'라는 것 외에 다른 어떤 것도 의미하지 않는지를 살펴보아야 할 것입니다!'라고 말이야. 그러면 그 사람은 이 말에 동의할 것 같은가?"

아가톤은 그럴 것이라고 말했다네.

그러자 소크라테스님이 말했다네. "그렇다면 그것은 어떤 사람이 그에게 없는 것 즉 그가 갖고 있지 않은 것을 사랑하고 그래서 그러한 성질들이 나중에도 그에게 계속 있기를 사랑하는 것을 의미하겠지?"

"전적으로 그렇습니다"라고 아가톤은 말했다네.

e "그렇다면 이 사람이나 그리고 어떤 것을 욕구하는 다른 모든 사람들은 자신에게 있지 않은 것 즉 자신이 갖고 있지 않은 것을 갈구하는 셈이니, 결국 자신이 갖고 있지 않으나 본인이 필요로 하는 것, 바로 그러한 것들에 대해서만 욕망과 사랑은 존재한다고 할 수 있네."

"물론 그렇습니다."

"자, 그러면 더 진전시켜 지금까지 동의된 것을 요약해보세. 동의된 바에 따르면, 사랑이란 첫째로 그 어떤 대상에 대한 사랑이고, 두번째로 자신에게 결여되어 있는 대상에 대한 사랑 외의 그 어떤 것도 아니지 않겠는가?"

201 "그렇습니다."

"그러면 앞서 말한 것들 중에서 사랑은 어떤 대상에 대한 것이라고 자네가 이야기했었는지를 상기해보게. 원한다면 나는 자네가 상기해내는 것을 도와주겠네. 내 기억에 의하면 자네는 얼추 이렇게 이야기했었다네. 즉 신들은 그들의 문제를 아름다운 것을 향한 사랑을 통해 해결했는데, 그 이유를 자네는 추한 것을 향한 사랑이란 도대체 존재하지 않기 때문이라고 말했었다네! 자네는 그렇게 말하지 않았었나?"

"그렇게 말했었지요."

"친구여! 자네는 제대로 이야기한 셈이네. 그런데 신들의 문제들이 그렇게 해결되었다면, 에로스는 아름다움에 대한 사랑이지, 추함에 대한 사랑은 아니지 않겠는가?"

아가톤은 동의하였다네.

"그렇다면 에로스는 자신에게 결여된 것 즉 갖고 있지 않은 것을 사랑하는 게 아니겠는가?"

"그렇습니다."

b

"결국 에로스는 아름다움이 결여되어 있고, 그것을 갖고 있지 않은 셈이 되나?"

"필연적으로 그렇습니다."

"그렇다면 어떻게 되나! 자네는 아름다움이 결여된 그것을 전혀 소유하고 있지 못한 자를 아름답다고 주장하는가?"

"절대로 그렇지는 않습니다."

"그렇다면 논의가 이렇게 전개되었는데도 불구하고 자네는 여전히 에로스가 아름답다고 주장할 것인가?"

그러자 아가톤은 말했다네. "소크라테스여! 저는 제가 그 때 이야기했던 것에 관하여 아무것도 모르고 있는 것 같습니다."

c

"그건 아닐세, 아가톤이여! 자네는 그 문제에 대해 훌륭하게 이야기한 셈이네. 그렇지만 조금만 더 물을 테니 대답해 보게나! 자네는 좋은 것들이 아름답다고 여겨지지 않나?"

"그렇게 여겨집니다."

"만약에 에로스는 아름다움을 결여하고 있다면 에로스는 좋은 것들도 결여하고 있는 것이 아니겠는가!"

"소크라테스여! 저는 선생님 말씀에 반박할 수가 없군요. 그러니 선생님이 주장하는 것이 옳다고 여길 수밖에 없겠습니다."

"친애하는 아가톤이여! 사실은 자네가 진리에 대하여 반박할 수 없는 것이지, 나 소크라테스에게 반박할 수 없는 것이 아니라네. 왜냐하면 나를 반박하는 것은 전혀 어려운 일이 아니기 때문이니 말일세."

소크라테스와 디오티마의 대화에 대한 이야기

d 이제 나는 자네를 자유롭게 풀어주도록 하겠네. 지금부터는 내가 예전에 만티네이아 출신의 여인인 디오티마[71]에게서 들은 에로스에 관한 이야기를 할 테니 들어보게나. 그녀는 사랑에 관한 문제뿐만 아니라 다른 많은 문제에 관해서도 현명하게 대처했는데, 역병[72]을 물리치고자 신께 제사를 올리던 그 당시 아테네인들을 위해 병이 창궐되는 것을 10년이나 지연시켜 주었었다네. 그런데 그녀는 나에게 사랑에 관한 일

들도 가르쳐주었었지. 그때 그녀가 말했던 바로 그 이야기를
나는 아가톤과 내가 동의한 것에서 출발하여, 가능한 한 훌
륭하게, 내 방식으로 자네들에게 상세히 들려주겠네! 따라서
아가톤이여! 자네는 우선 그때 이야기했던 대로, 첫째로 에
로스의 본성과 속성이 무엇이고, 둘째로 그 신이 한 일이 무
엇인지에 대해 상세히 이야기할 필요가 있네! 왜냐하면 그
당시에 그 여인이 나에게 질문을 던지면서 설명하던 것과 똑 e
같은 방식으로 설명하는 것이 나에게는 가장 쉬운 방법으로
생각되기 때문이니 말일세! 사실 내가 그녀에게 말했던 것은
지금 자네가 나에게 말하고 있는 것, 즉 에로스야말로 위대
한 신이고 아름다운 것들 중의 하나라고 말하는 것과 거의
동일하다네! 그녀도 또한 내가 자네에게 에로스는 아름답지
도 훌륭하지도 않다고 말할 때 근거로 삼고 있는 바로 그 이
유를 근거 삼아 나를 비판하였으니 말일세.

사랑의 본성: 사랑은 중간적 존재이다

그 당시에 나는 다음과 같이 말했었다네.
"디오티마여! 당신은 무엇을 말하고자 하시는지요? 그렇
다면 에로스는 추하고 나쁜 신이란 말입니까?"
"당신은 말을 조심스럽게 하지 않는 분이십니까? 아니면
그대는 혹 아름답지 않은 것은 필연적으로 추한 것이라고 생

각하고 계신지요?"

"물론 그렇게 생각합니다."

"그렇다면 현명하지 않은 자는 무지한 자란 말입니까? 아니면 그대는 앎과 무지 사이에 그 어떤 중간의 것이 있다는 사실을 깨닫지 못하고 있는 것입니까?"

"그것이 무엇입니까?"

"올바르게 판단하지만, 그 판단의 근거를 댈 수 없는 것은 지식도 아니고 — 근거 없이 어떻게 지식이 될 수 있겠습니까? — 무지도 아니라는 — 우연히 진상을 획득했더라도, 일단 그것이 진상이라면, 그것이 어떻게 무지일 수 있겠습니까? — 사실을 당신은 모른단 말입니까? 내 생각에 올바른 판단이라는 것은 추론적 지식[73]과 무지 사이에 있는 중간자인 것 같은데 말입니다."

"그대는 진실을 이야기하고 계십니다."

"그렇다면 당신은 아름답지 않은 것은 무조건 추한 것이고, 훌륭하지 않은 것은 무조건 나쁜 것이라고 단정하는 일이 없도록 각별히 주의하여야 할 것입니다. 에로스의 경우도 이와 똑같기 때문에, 비록 당신 자신이 에로스는 훌륭하지도 아름답지도 않다는 데 동의했어도, 당신은 에로스가 추하며 나쁘다고 생각하기보다는 그 대립된 것들 사이에 있는 중간자라고 생각해야 할 것입니다."

"그렇지만 에로스가 위대한 신이라는 사실에는 모든 사람들이 동의하고 있지요."

"당신이 말하는 그 모든 사람들이라는 것은 진상을 모르는 사람들을 말하는 것입니까 아니면 진상을 아는 사람들을 말하는 것입니까?"

"그 모두를 일컫는 것이지요."

그러자 그녀는 웃으면서 말했다네. "소크라테스여! 에로스를 신이 아니라고 주장하는 사람들이 어떻게 그 신이 위대하다는 데 동의할 수 있겠습니까?"

"그런 사람들이 누구입니까?" c

"당신도 그 중 한사람이고, 나 또한 그렇지요."

내가 다시 물었네. "그것은 또 무슨 뜻입니까?"

그러자 그녀가 말했네. "이야기는 매우 간단합니다. 제게 답해보시지요. 당신은 모든 신들이 행복하고 아름답다고 주장하지 않으십니까? 아니면 당신은 신들 중에서 어떤 신은 아름답지도 행복하지도 않다라고 감히 말하려는 것입니까?"

"제우스에 맹세코 전혀 그렇지 않습니다."

"그렇지만 당신은 훌륭한 것과 아름다운 것을 지닌 자들을 행복한 사람이라고 말하지 않습니까?"

"물론이지요."

"그러면서도 당신은 에로스에 대해서, 그에게 훌륭한 것과 d 아름다운 것이 결여되어 있기 때문에, 그가 갖고 있지 못한 것을 욕구한다는 사실에 동의했었지요."

향연 117

"맞습니다."

"그렇다면 어떻게 아름다운 것과 훌륭한 것을 지니고 있지 못한 자를 신이라고 할 수 있지요?"

"진정 불가능한 것처럼 보이는군요."

"그러면 당신도 자신이 에로스를 신이 아니라고 생각하고 있다는 사실을 깨닫고 있는 것이군요!"

"그렇게 되면 에로스는 어떻게 되는 것이지요? 그는 가사(可死)적 존재란 말입니까?"

"전혀 그렇지 않지요."

"그러면 도대체 에로스는 무엇이란 말입니까?"

"앞에서 말해진 것들과 마찬가지로, 그는 가사적인 것과 불사적인 것의 중간자라 할 수 있지요."

"디오티마여! 그 중간자란 무엇을 말하는 것입니까?"

다이몬

"소크라테스여! 그것은 위대한 정령이라 할 수 있지요. 사실 정령[74]이라 할 수 있는 모든 것들은 신과 가사적 존재의 중간자라 할 수 있답니다."

"정령은 어떠한 능력을 갖고 있는지요?"

"정령들은 신들에게는 인간들이 전하는 기도와 번제물들을, 그리고 인간들에게는 신들이 전하는 그들의 뜻과 번제에 대한 답례의 선물들을 해석해주고 전달해줌으로써, 신과 인간의 중간에 존재하면서 그 빈틈을 채워주고 이 우주 전체를 그 자체에 결합시켜주는 능력을 지닌 존재라 할 수 있지요. 정령들의 그러한 역할 때문에, 모든 예언술과 번제, 입문식, 주문 그리고 모든 예언과 마술에 관한 사제들의 기술이 번창할 수 있었지요. 사실 신은 인간들과 섞이지 않는 법인데, 이 정령들 덕분에 신들과 인간들——그들이 깨어 있을 때나 잠들어 있을 때나—— 사이에 일어나는 모든 교제와 대화가 가능하게 되었지요. 그래서 우리는 그러한 일들에 능통한 사람을 신통한 사람[75]이라 부르는 반면, 그외 다른 일들에 능통한 사람, 즉 보통의 기술들이나 특정한 손재주를 지닌 사람을 장인이라 부른답니다. 이러한 정령들의 숫자는 많고 그 종류 또한 다양한데, 에로스는 그들 중의 하나일 뿐이랍니다."

에로스의 탄생에 관한 신화

내가 다시 물었다네. "에로스는 어떠한 아버지와 어머니로부터 태어났는지요?"

"이야기하자면 매우 길지만, 그래도 해보겠습니다. 아프로디테의 생일날, 여러 신들이 그 여신의 생일 축하 잔치를 즐기고 있었는데, 그 신들 중에는 메티스의 아들인 포로스도 있었답니다.[76] 신들이 식사를 마칠 무렵, 나누어주는 음식 — 사실 그러한 잔치에는 음식 보시가 많이 이루어졌지요 — 을 얻어먹기 위하여, 페니아가 도착하여 대문 앞에 와 있었답니다. 그때 포로스는 넥타주에 취해 — 그때는 포도주가 아직 없었답니다 — 제우스의 정원에서 몸이 천근만근이 된 상태로 잠들어 있었답니다.[77] 페니아는 자신의 '무책
c 성(無策性)'을 해결하기 위해,[78] 포로스 신으로부터 아이를 하나 만들어낼 계획을 짭니다. 그리고는 그의 옆에서 동침을 하였고 그 결과 에로스를 분만하게 되었답니다. 바로 그러한 이유 때문에, 에로스는 아프로디테의 동반자이자 그녀에게 봉사하는 시동이 되었답니다. 사실 그는 아름다운 존재인 아프로디테의 생일 축하연을 계기로 태어났기 때문에, 본성상 아름다운 것을 사랑하는 자가 될 수밖에 없었지요.

이렇듯 에로스는 포로스와 페니아의 아들이었기 때문에, 다음과 같은 성격을 지니게 되었답니다. 첫째로 그는 언제나 결핍 상태에 놓여 있어서, 일반인들이 생각하는 것과는 달리, 부드러움이나 아름다움과는 거리가 멀답니다. 그러한 것과는 정반대로 그는 조야하고 더럽고 맨발로 집도 절도 없이 떠돌아다니며, 언제나 땅바닥 위에서 덮을 것도 없이 드러누
d 워 있습니다. 또 남의 집 대문 앞이건 길가이건 가리지 않고 하늘을 이불 삼아 잠을 자는데,[79] 그것은 그가 어머니의 본성을 이어받아 언제나 결핍과 함께하기 때문이랍니다. 반면에 그는 다른 한편으로 아버지의 성격도 이어받아 아름답고

120

훌륭한 것을 획득하기 위해 계책을 잘 꾸며내기도 한답니다. 그는 용감하기 때문에 진취적이고 전력투구하는 빼어난 사냥꾼이고, 끊임없이 계략들을 짜냄으로써 현명한 지혜를 얻고 새로운 수단을 개척해내며, 평생 동안 지혜를 탐구하며 삽니다. 하지만 다른 한편으로는 대단한 협잡꾼이자, 마술사이며 소피스트이기도 하답니다. 그는 본성상 불사적인 존재도 가사적인 존재도 아닙니다. 그는 단 하루 동안에도, 어떤 때는 꽃처럼 피어올라 생생하게 살아 있는가 하면 어떤 때는 죽어 있기도 합니다. 그렇지만 아버지로부터 물려받은 성질 덕분에 방법만 찾아내면 다시 살아나지요. 그에게는 방법과 수단을 찾아내는 능력이 밑에서부터 끊임없이 솟아오르기 때문에, 한 번도 방법을 찾지 못한 상태에 처하지는 않습니다. 그럼에도 불구하고 그는 단 한 번도 풍족한 상태에 있는 법이 없지요.

e

그는 다른 한편으로 앎과 무지의 중간 상태에 있다고 할 수 있습니다. 사실 지혜에 관한 일반적 사정은 다음과 같지요. 즉 신들 가운데 어떤 누구도 지혜를 탐구하거나 지자(知者)가 되기를 원하지 않고 ― 왜냐하면 신은 이미 지자이므로 ―, 지식을 소유한 자라면 어느 누구도 더 이상 지혜를 탐구하지 않는 법이니까요.[80] 그런데 무지한 자들도 또한 지혜를 탐구하거나 지자가 되기를 원하지는 않습니다. 그 이유는 무지라는 것이 실제로는 전혀 아름답지도 훌륭하지도 지

204

혜롭지도 않은 사람들로 하여금 자신들이 충분히 아름답고 훌륭하며 지혜로운 사람이라고 착각하게 만들어주는 불행한 것이기 때문이지요. 사실 자신을 불완전한 존재로 생각하지 않는 사람은 자신에게 필요한 것이 아니라면 원하지 않는 법이니까요."

"그렇다면 디오티마여! 지혜를 추구하는 사람들이 지자도 아니고 무지한 자도 아니라면, 그들은 도대체 무어란 말입니까?"

"그러한 사람들은 지자와 무지한 자들의 중간에 있는 사람들이고, 에로스도 그러한 중간자들 중의 하나라는 사실은 어린아이에게도 자명한 일이지요. 사실 지혜란 가장 아름다운 것 속에 있는 것이고 에로스는 아름다운 것을 사랑하기 때문에, 에로스는 필연적으로 지혜를 사랑하는 자일 수밖에 없고, 지혜를 사랑하는 한 그는 지자와 무지한 자의 중간자가 되는 셈이지요. 에로스가 그러한 성질을 지니게 된 원인은 그의 탄생에서 찾을 수 있답니다. 사실 그는 지혜롭고 모든 수단을 잘 쓸 줄 아는 아버지와 지혜롭지 못하고 어떠한 수단도 잘 알지 못하는 어머니로부터 태어났으니까요. 친애하는 소크라테스여! 바로 그러한 것이 이 정령 즉 에로스의 본성이랍니다. 그러니 당신이 에로스에 대해 품고 있었던 생각과 전혀 다르다고 해서 전혀 놀라워할 필요는 없답니다. 당신의 말을 근거로 추론해보건대, 당신은 에로스가 사랑을 받는 대상이지 사랑을 하는 주체는 아니라고 생각하고 있는 것 같으니까요. 내가 생각하건대, 바로 그 같은 이유 때문에 에로스는 당신에게 완벽하게 아름다운 자로 보였을 것입니다. 사실 사랑스러운 것은 정말로 아름답고 부드럽고 완벽하며 사람들의 칭송을 받을 만한 가치가 있는 것이니까요. 그러나 사랑한다는 것은, 내가 지금까지 상세히 이야기하였던 바와 같이, 전혀 다른 본성을 지니고 있는 것이랍니다."

에로스의 선행들

그래서 나는 말했다네. "이방인이여! 당신은 아주 훌륭하게 말하셨습니다. 그런데 에로스가 그러한 성질을 지닌 신이라면, 그는 인간에게 어떠한 유용성을 제공할 수 있을까요?"

"소크라테스여! 그것이야말로 바로 내가 이 이야기의 끝에 당신에게 알려주려던 것이랍니다. 사실 에로스는 그러한 본성을 지녔고, 앞서 말한 식으로 태어났기 때문에, 당신이 이야기한 대로 아름다운 것을 대상으로 삼고 있지요. 그런데 만약에 어떤 사람이 우리에게 '소크라테스와 디오티마여! 아름다운 것에 대한 사랑이란 무엇입니까?'라고 묻는다면, 아니 더 분명하게 '아름다운 것을 사랑하는 사람은 무엇을 사랑하는 것입니까?'라고 묻는다면 뭐라 대답하시겠습니까?"

향연 123

"자신에게서 아름다움이 솟는 것 자체를 사랑하는 것이라고 대답할 것입니다."

"그 대답은 다음과 같은 '그러면 아름다운 것을 갖게 된 그 사람에게 어떠한 일이 일어나게 되는지요?'라는 물음을 새로이 던지게 만들겠지요?"

"그 질문에는 쉽게 대답할 수 없겠는데요."

"만약에 어떤 사람이 아름다운 것 대신에 좋은 것으로 대체하여, '소크라테스여! 좋은 것들을 사랑하는 사람이 사랑을 할 때, 그는 무엇을 사랑하는 것입니까?'라고 묻는다면 무엇이라 대답하겠습니까?"

"자신에게서 좋은 것들이 생겨나는 일을 사랑할 것이라고 말하겠지요."

"그러면 좋은 것들이 생기게 된 그 사람에게는 어떠한 일이 일어나겠습니까?"

"그 물음이라면 나는 그 사람은 행복하게 될 것이라고 쉽게 대답할 것입니다."

"사실 행복한 사람은 좋은 것을 소유함으로써 행복하게 되니까 말입니다. 따라서 '행복하게 되기를 원하는 사람은 무엇 때문에 행복하게 되기를 원하는가?'라는 물음을 추가로 물을 필요는 없겠지요. 답은 거기에서 충분히 끝날 것 같으니.[81]"

"당신의 이야기가 옳습니다."

"그런데 당신은 이러한 소망과 사랑이 모든 사람들에게 공통적이고 그들이 언제나 좋은 것들을 소유하기를 원한다고 생각하십니까? 아니면 당신은 다르게 이야기하시겠습니까?"

"모든 사람들이 공통적으로 그렇게 생각하겠지요."

"그렇다면, 소크라테스여! 만약에 모든 사람들이 동일한 b 대상을 언제나 사랑하는 것이 참이라면, 우리는 무슨 이유에서 모든 사람들이 사랑을 한다고 말하지 못하고, 일부의 사람들은 사랑을 하고 일부의 사람들은 사랑을 하지 못한다고 말하게 될까요?"

"그 점에 대해서는 나 자신도 역시 놀라워하고 있답니다."

"당신이 놀라워할 필요는 없습니다. 왜냐하면 우리는 이미 사랑의 어떤 형상을 따로 떼어내서 그 형상에 사랑 전체의 이름을 적용함으로써 사랑을 명명하고, 다른 형상들에 대해서는 다른 이름들을 사용하니까 말입니다."

"예를 들어 어떤 것을 말씀하시는지요?"

"다음과 같은 것 말입니다. 사실 당신도 창작이라는 단어가 매우 넓은 의미로 해석됨을 아실 겁니다. 즉 그 어떤 것에 대해서든, 비존재의 상태에서 존재의 상태로 나아가게 만드는 원인이 되는 것을 우리는 모두 창작이라고 말할 수 있지 c 요. 따라서 모든 기술들에 의해 만들어진 것들은 창작물이고, 그러한 창작물들을 만들어내는 모든 장인들은 창작자라 부를 수 있습니다."

향연 125

"옳은 말씀입니다."

"그렇지만 당신 역시 그 사람들이 창작자라고 불리워지지 않고, 다른 명칭들로 불리워지고 있다는 사실을 아실 겁니다. 사람들은 모든 창작 행위로부터 하나의 부분 즉 음악과 운율에 관계되는 부분만을 따로 떼어내어, 전체를 지칭하는 이름으로써 그 부분을 가리키니 말입니다. 사실 사람들이 창작이라 부르는 것은 바로 이 부분, 즉 시이고 그러한 부분의 창작을 다루는 사람을 시인이라고 부르니까요.[82]"

"당신은 진리를 말하고 계십니다."

d "그런데 사랑의 경우에도 사정은 똑같지요. 일반적으로 좋은 것들과 행복을 추구하는 모든 사람들에게 있어 가장 강력하고 간지적[83]인 사랑이라 할 수 있지요. 그렇지만 우리는 공적인 일의 수행이나 신체 훈련 또는 지혜에 대한 탐구 등과 같은 일에 다양한 방식으로 흠뻑 빠져 있는 사람들에 대해서는, 사랑을 하고 있다거나 또는 사랑을 하는 자라고 부르지 않지요. 반면에 어떤 사람들은 특정한 형태의 사랑만을 추구하면서 그것에 전념하는데, 이 사람들만이 '사랑' '사랑한다' '사랑하는 사람들'과 같이, 사랑 전체와 관련된 명칭들을 독차지하게 되지요."

"당신 말이 옳을 수도 있겠습니다.[84]"

"물론 자기 자신의 반쪽을 사랑하는 자만이 제대로 사랑을 할 줄 아는 자라고 주장하는 견해도 있답니다. 그러나 내 견해는 다릅니다. 그것이 적어도 좋은 것이 아닌 경우에는, 나의 친구여! 자신의 반쪽은 물론이고 자신 전체마저도 사랑의 대상이 될 수 없다는 것입니다. 왜냐하면 사람들은 자신의 손과 발이라도 그것들이 자신에게 해로운 것이라 생각될 때에는 잘라내버리려고 할 테니 말입니다. 적어도 어떤 사람이 자기에게 고유한 것 혹은 자신의 것은 무조건 좋은 것이라 생각하고, 자기 것이 아닌 이질적인 것들은 나쁜 것이라고 부르지 않는 한에서, 내가 생각컨대, 모든 사람들은 자기 자신의 것이라 해서 무조건 애착을 갖는 것은 아니니까요. 사실 인간은 좋은 것 외에는, 다른 어떠한 것도 사랑하지 않는 법이지요. 당신은 이 문제를 다르게 생각하십니까?"

"제우스에 맹세코 결코 달리 생각하지 않습니다."

"그렇다면 인간은 좋은 것을 사랑한다고, 그렇게 단적으로 말할 수 있겠습니까?"

"말할 수 있고말고요!"

"그렇지만 우리는, 인간은 좋은 것을 사랑할 뿐만 아니라 그것을 소유하려는 행위 또한 사랑한다는 사실도 덧붙여야 하지 않겠습니까?"

"그래야만 되겠군요."

"그러면 그때 인간은 좋은 것을 단순히 소유할 뿐만 아니라, 그것을 영원히 소유하게 되기를 원하는 것이겠지요?"

"그것도 또한 덧붙여야 할 것 같군요."

"결론을 짓자면, 사랑이란 좋은 것을 자기 자신 속에 영원히 간직하려는 행위, 그 자체를 그 대상으로 삼는 것이랍니다."

"당신은 가장 참된 것을 말씀하셨습니다."

b "만약에 사랑이 언제나 그와 같은 것이라면, 당신 생각에는 그 대상을 추구하는 사람들이 어떤 방식의 삶을 영위하고 구체적으로 어떤 종류의 행위를 실천해야 그 진지함과 혼신을 다하는 노력이 사랑으로 불리워질 수 있겠습니까? 그러한 행위는 어떠한 것인지, 당신은 말해줄 수 있겠습니까?"

"디오티마여! 만약에 내가 그것을 말할 수 있었다면, 애써 이렇게 당신의 지혜에 탄복하며, 이러한 지식들을 배우기 위하여 당신 곁을 따라다니지 않았을 것입니다."

"그렇다면 내가 말할 수밖에 없군요. 사실 그러한 행위란 육체적으로나 정신적으로 아름다움을 생산해내는 것이라 할 수 있습니다."

나는 절규하였다네! "당신이 무엇을 말하려고 하는지, 그것을 알기 위해서는 예언술이 필요하겠습니다. 나는 도대체 당신의 말을 이해하지도 못하겠으니 말입니다."

c "그렇다면 나는 당신에게 좀더 분명하게 말하지요. 소크라테스여! 모든 인간들은 육체적으로나 정신적으로 임신을 하고 있어서 일정한 나이에 도달하면, 그들의 본성상 그 임신된 것을 생산하고자 합니다. 그런데 그러한 생산은 추함 속

에서는 결코 일어날 수 없고, 단지 아름다움 속에서만 일어날 수 있답니다. 사실 남자와 여자의 결합으로부터 어린이가 나오게 되는데 이러한 생산 작용은 신(神)적인 어떤 것이라 할 수 있지요. 그리고 가사적 존재인 생물들에게 있어 이 신적인 것 즉 임신과 출산은 불사(不死)적인 특성으로 내재해 있답니다. 그렇지만 그러한 일은 조화를 이루지 않고서는 일어나지 않는 법이지요. 조화롭지 못한 것은 신적인 모든 것들과 비교해서 추한 법이나, 반대로 아름다운 것은 항상 조화를 이루게 된답니다. 그러므로 생성에 있어 운명을 정해주는 모이라와 생산을 관장하는 에일레이투이아의 역할을 하는 것은 아름다움의 여신 칼로네인 셈이지요.[85] 그렇기 때문에, 잉태한 이가 아름다운 것에 접근하게 되면, 평온함을 느끼고 기쁨에 젖어 어린아이를 생산해내게 된답니다. 그런 반면에 추한 것에 접근하게 되면, 침울해지고 슬픔에 빠져 스스로 위축되고 모든 것으로부터 도피하며 아무것도 원치 않게 되면서 결국 어떤 것도 생산해내지 못하고 잉태한 것을 오히려 고통스럽게 지니고 다니게 된답니다. 이렇게 되면 잉태하여 이미 배가 부른 사람에게만 아름다운 대상에 대한 가장 커다란 정열이 발생하는 것이 분명해지지요. 그 아름다운 대상을 잉태한 자만이 분만의 커다란 고통으로부터 벗어날 수 있을 테니까요. 따라서 소크라테스여! 사랑의 대상인 아름다운 것은 당신이 생각하는 것과는 다른 셈이지요."

"그렇다면 그것은 과연 무엇입니까?"
"그것은 아름다운 것 속에서의 생산과 출산이지요."
나는 재촉했다네.
"어서 다음 이야기를 해주시지요."

"물론 그러겠습니다. 그렇다면 왜 생산하는 것이 사랑의 대상이 될까요? 그것은 생산이야말로 가사적 존재의 삶을 영원히 유지시켜 불사적으로 만들어주기 때문이랍니다. 만약 사랑이 목적이 좋은 것을 자기 자신 안에 영원히 소유하려는 것이라면, 우리가 동의한 것으로부터 필연적으로, 우리는 좋은 것과 함께하면서 불멸성을 원하게 된다는 결론이 나오지요. 이러한 추론으로부터 사랑의 대상은 곧 불멸성이라는 사실이 필연적으로 도출되지요."

불멸성에 대한 갈구

지금까지 말한 것이, 그녀가 사랑에 관한 담론을 펼칠 때마다 나에게 가르쳐주었던 전부라네. 어느 날 그녀는 내게 이렇게 물었다네. "소크라테스여! 당신은 이러한 사랑과 욕망의 원인이 무엇이라고 생각하십니까? 당신은 발을 가진 동물이든, 날개가 달린 동물이든, 모든 동물들이 생식을 원할 때가 되면, 얼마나 성스러운 상태에 돌입하게 되는지를 모르시지는 않겠지요. 즉 모든 동물들은 처음에는 서로가 상대방과 결합하려는 사랑의 병에, 그 다음에는 낳은 새끼를 양육하려는 사랑의 병에 걸려, 가장 약한 자라 할지라도 새끼를 위해서는 가장 강한 자하고도 싸우며 자신을 희생시킬 준비가 되어 있고, 새끼를 먹이기 위해서는 자신의 배고픔쯤은 참거나 다른 어떠한 일도 서슴지 않고 행하지요. 인간의 경우에는 사실 어느 정도 숙고한 다음에 이러한 일들을 행할 것이라고 생각하는 사람도 있겠지요. 어쨌든 동물들은 어떠한 원인 때문에 이러한 사랑의 상태에 이르게 되었을까요? 당신은 그것에 대해 이야기하실 수 있는지요?"

내가 여전히 모르겠다고 대답하자, 그녀는 다시 말하기 시작했다네. "당신은 그러한 것들에 관해서 아무 생각도 해 보지 않으면서, 언젠가는 그러한 방면의 대가가 되려는 것입니까?"

"디오티마여! 나는 방금 이야기했던 바로 그러한 이유 때문에 당신에게 온 것입니다. 즉 나에게는 스승이 필요하다는 사실을 깨닫고 있기 때문이지요. 그러니 사랑으로 인하여 일어나는 이러한 일들뿐만 아니라 다른 일들에 대해서도 그 원인이 무엇인지를 나에게 말해주십시오."

"그렇다면, 당신은 만약에 사랑의 대상이 그 본성상 우리가 여러 번 동의하였던 것과 같은 것이라는 사실을 확신하게 되더라도 놀라워하지 말기 바랍니다. 왜냐하면 지금의 추론은 조금 전[86]의 추론과 마찬가지로, '가사적 존재의 본성은

가능한 한 영원히 존재하는 불사적 존재가 되려고 노력한다'
는 법칙에 근거하고 있기 때문입니다. 사실 가사적 존재는
생산해내는 것, 즉 언제나 예전의 존재 대신에 그것과는 다
른 새로운 존재를 남겨놓는 방법을 통해서만 영원히 존재할
수 있지요. 우리는 그러한 사실 때문에 각 생물의 개별적 생
명과 개인적 동일성에 대해 말할 수가 있는 것이지요. 예를
들면 누구나 어린 시절부터 노인이 될 때까지 계속하여 똑같
은 사람이라고 말해질 수 있듯이 말입니다. 그런데 이 사람
이란 존재는 실제로 자신 안에 결코 동일한 것을 갖고 있지
는 않지요. 그럼에도 불구하고 사람은 계속 동일한 사람으로
서 불리게 되지요. 사람은 머리카락이나 살, 뼈, 피, 그리고
신체의 모든 부분에 있어, 물론 일부분은 사라져가지만, 끊
임없이 새롭게 태어나는데도 말입니다. 사실 그러한 현상은
신체에서뿐만 아니라 영혼에서도 일어납니다. 우리의 성
향·성격·생각·욕구·즐거움·슬픔·공포 같은 것들 중의
어떠한 것도 각각의 사람에 있어 결코 동일하게 남아 있지
않고, 생성과 소멸을 경험합니다. 그런데 이러한 것들보다
훨씬 더 이상한 것은 인식의 문제에서 일어난답니다. 즉 우
리들이 인식한 것들은 한편으로 항상 새로이 생겨나면서도
다른 한편으로는 사라져가기 때문에, 우리들 자신이 결코 그
인식한 것들과 함께 동일한 상태에 있지 않은데도, 그 각각
의 인식은 동일한 상태에 있는 것으로 인정된다는 말입니다.

사실 우리가 '공부하는 것'을 '연습하는 것'이라 부르는 것
자체가 우리가 인식한 것이 우리에게서 빠져나갈 수 있음을
상정하고 있는 것이지요. 망각이란 우리가 인식한 것이 우리
에게서 빠져나가는 것이고, 공부한다는 것은 그 빠져나간 기
억 대신에 새로운 기억을 보충하면서 인식을 보존해주는 것
인데, 그러한 보존이야말로 인식을 동일하게 지속되도록 만
들어주는 역할을 합니다. 모든 가사적 존재들은 신적인 존재 b
들처럼 완벽하게 언제나 동일한 존재로서 있는 게 아니라,
늙게 되면 자신은 사라지고 자기 대신 자신과 동일한 새로운
다른 존재를 남겨놓는 방식으로 자신의 종을 보존한답니다.
소크라테스여! 가사적 존재들은 이러한 방식으로 신체적으
로나 그 밖의 모든 점에 있어 불멸성을 지니게 된답니다. 물
론 불사적 존재들은 다른 방식으로 불멸성을 지니게 될 것입
니다. 그러므로 모든 생명체가 자신의 새끼들을 본능적으로
사랑하는 것에 대해 놀라워할 필요가 없습니다. 왜냐하면 바
로 이러한 불멸성 때문에, 모든 생명체는 열정과 사랑을 지
니게 되니 말입니다."

이 말을 듣고, 나는 깜짝 놀라서 다음과 같이 되물었다네. c
"잠깐만요. 지극히 현명하신 디오티마여! 정말로 그렇단 말
입니까?"

그러자 그녀는 전형적인 소피스트의 말투로 대답했다네.[87]
"소크라테스여! 당신은 제대로 깨달으셔야 합니다. 가령 사

람들이 지닌 명예욕을 살펴보려면 당신은 내가 이야기했던 것을 잘 생각해보셔야 합니다. 유명인이 되어 후세에도 영원히 영광을 누리고 싶어하는 인간의 욕망이 얼마나 엄청난지를 가늠해본다면, 당신은 틀림없이 놀라워할 것이니 말입니다.

d 사실 그들은 이러한 목적을 위해서는 자기 자식을 위해 무릅쓰는 위험보다도 훨씬 커다란 모든 위험을 감수하고, 재물을 쏟아 부으며, 어떠한 고통도 감내하고, 심지어 자신의 목숨을 바칠 준비까지 되어 있으니까요. 당신은 알케스티스가 아드메토스를 위해 죽은 것,[88] 아킬레우스가 파트로클로스를 뒤따라 죽은 것,[89] 그리고 당신들의 왕인 코드로스가 자식에게 왕위를 넘겨주기 위하여 미리 죽은 것[90]과 같은 행동들을, 자신들의 덕이 사람들의 기억 —— 오늘날 우리들이 지니고 있는 것과 같은 —— 속에서 후세에도 영속되리라고 생각하지 않았다면, 그들은 과연 실천할 수 있었으리라고 생각하십니까? 어림도 없는 일이지요. 사실 모든 사람들은 불멸의 덕과 그와 같은 찬란한 명성을 얻기 위해, 가능한 한 최고로 훌륭하게 모든 일들을 실행한답니다. 왜냐하면 그들은

e 불멸의 것을 사랑하기 때문이랍니다. 그런데 육체적으로 생산력이 충만한 사람들은 대개 여자들에게로 향하게 되고, 다음과 같은 방식으로 사랑을 하게 되지요. 즉 그들은 출산을 통해 불멸성과 기억 그리고 행복을 내세에도 확보하려고 한답니다. 반면에 영혼에 있어 생산력이 충만한 사람들은 영혼

이 잉태하고 생산해내기에 적합한 모든 것들을 그 속에서 생산해내는데, 그때 생산된 것은 육체 속에서 생산된 것보다 훨씬 더 위대하다고 볼 수 있지요. 그러나 영혼이 생산해내기에 적합한 것은 무엇이겠습니까? 그것은 사려 깊음과 그 밖의 여러 탁월성들이라 할 수 있겠지요. 명작들을 만들어내는 모든 시인들과 장인들 가운데서 발명가라고 불려질 정도의 사람들이 바로 이러한 사람들 가운데서 나온답니다. 그렇지만 사려 깊음 중에서도 가장 위대하고 훌륭한 것은 도시국가와 집안의 기초를 정립시키는 일에 관한 사유인데, 그러한 사유에 대해 우리는 바로 사려 깊음과 현명함, 그리고 올바름이라는 명칭을 붙이게 되지요.

그런데 이들 가운데에는 신적인 영혼을 타고난 관계로 영혼에 있어 생산력이 충만한 사람이 있기 마련이어서 성인이 되면 이미 어떤 새로운 것을 생산하고 산출해내기를 열망하게 된답니다. 그래서 그는 아름다움의 주변을 맴돌면서 그 아름다움을 탐구하게 되는데, 그 이유는 그가 그 아름다움 속에서만 새로운 것을 창출해낼 수 있기 때문이지요. 사실 그는 추함 속에서는 결코 아무것도 생산해내려고 하지 않는답니다. 따라서 그가 무엇인가를 생산해내려는 욕구를 느낄 때, 그가 추한 육체보다는 아름다운 육체를 더 원하는 것은 당연한 일이지요. 그리고 만약에 그가 훌륭하고 고상하며 본성이 착한 영혼을 지닌 사람을 만나게 되면 그 사람의 육체와 정신 모두를 사랑하게 됩니다. 그래서 그는 바로 그 사람에게 덕은 무엇이고, 훌륭한 사람의 전형이란 어떠한 것이며, 평생을 거쳐 추구해야 할 일은 무엇인지에 대해 곧장 풍부한 이야기를 해줄 수 있다고 느낍니다. 그리고 그 모든 것을 가르쳐주려고 노력하게 되지요. 그렇게 할 수 있는 이유는, 내가 생각하건대, 그가 아름다운 것과 접촉하고 그것과의 계속된 관계를 통해, 오래 전부터 잉태해왔던 것을 생산해내려하기 때문인 것 같습니다. 그리하여 그는 그 아름다운 것이 옆에 있을 때나 없을 때나 똑같이 항상 그것을 생각하면서, 자신이 생산해낸 것을 그 아름다운 것의 도움을 받아 완전히 완성시키게 된답니다. 그때 그와 그 아름다운 것은 서로, 부모가 자식들에 대해서 느끼는 혈육의 유대성보다 훨씬 더 큰 유대성, 더 확고한 애정을 서로에 대해 지니게 됩니다. 그 이유는 그와 그 아름다운 것이 보다 더 아름답고 영원한 존재인 어린이를 공유하고 있기 때문이랍니다.

사실 모든 사람들은 유한한 존재인 사람의 자식보다는 그러한 불사적인 어린이를 자신의 자식으로 갖기를 소망하기 마련이지요. 예를 들어 사람들은 호메로스나 헤시오도스 그리고 그외의 다른 훌륭한 시인들을 매우 부러워하는데, 그 이유는 그 시인들이 영혼의 자식을 남겨놓았기 때문이지요. 사실 이 영혼의 자식들은 그들 자신이 불사적이기 때문에 그들의 부모에게도 불후의 영광과 이름을 가져다주니 말입니다. 당신이 원한다면, 우리는 라케다이몬의 구원자—우리는 그를 전 헬레네의 구원자라고 말할 수도 있지만—인 리쿠르고스가 남겼던 후손들을 또 다른 예로서 말할 수 있겠지요.[91] 당신들 나라의 솔론도 율법을 제정하였기에 존경을 받고 있지요. 그리고 그 밖의 많은 사람들이 많은 훌륭한 업적들과 여러 종류의 덕들을 산출해냈기 때문에 그리스인들은 물론이고 그 밖의 여러 나라에서도 존경을 받고 있는 것이지요. 그러한 훌륭한 사람들에게는 바로 그들이 남긴 후손들 때문에 이미 많은 제례가 올려지고 있지만, 어떠한 사람에게도 그가 남긴 유한적인 후손 때문에 제례가 올려지는 적은 없지요.

완전한 입문

지금까지 이야기한 것들이 사랑에 관한 것들인데, 소크라테스여! 당신은 아마도 그 사랑의 신비로운 의식의 초보적 단계에는 입문하실 수 있을 겁니다.[92] 그러나 초보적 단계들의 목표이자 제시된 길을 올바르게 따라갈 때에만 도달할 수 있는 궁극적 단계의 입문과 직관의 경지에 당신이 과연 도달할 수 있을지에 대해서는 의문입니다. 물론 나는 전심전력으로 그것이 어떠한 것인지에 대해 설명해보도록 할 것입니다. 그러니 당신도 나의 설명을 따라오기 위해, 가능한 한 모든 노력을 기울이시기 바랍니다.

입문의 단계들

이러한 목적을 향해 올바르게 길을 걸어갈 사람은 어렸을 때부터 아름답고 훌륭한 육체를 다듬는 일부터 시작하여, 인도자에 의해 올바르게 인도를 받아 하나의 아름다운 육체만을 사랑하고, 그러한 사랑의 경험으로부터 사랑에 관한 아름다운 논의들을 창출해낼 수 있어야 합니다. 더 나아가 어떤 사람의 육체 안에 들어 있는 아름다움도 다른 사람의 육체 안에 들어 있는 아름다움과 형제지간이라는 사실 또한 깨달아야 한답니다. 따라서 그가 형상 안에 들어 있는 아름다움을 추구하면서도 모든 육체 안에 들어 있는 아름다움이 하나이며 동일함을 깨우치지 못하면, 그는 매우 우둔한 사람이라고 할 수 있지요. 반면에 그것을 하나이고 동일한 것으로 생각하게 되면, 그러한 생각은 그를 모든 아름다운 육체들을 사랑하는 사람으로 만들어주고, 하나의 육체만 지나치게 사랑하는 것을 멀리하도록 만들어줍니다. 그 이유는 그가 그러한 사랑을 하찮은 것으로 여기고 경멸하게 되기 때문이지요. 그 다음에야 비로소 그는 영혼 안에 있는 아름다움을 육체 안의 아름다움보다 더 가치 있는 것으로 생각하여, 만약에 아직 육체의 꽃을 피우지는 못했어도 부드러운 영혼을 가진 사람을 만나게 되면, 그는 그 젊은이를 사랑하고 돌보며, 그 젊은이를 훌륭하게 만들어줄 이야기들을 만들어내고 탐구하는 일만으로도 만족하게 될 것입니다. 그리하여 그는 그 젊은이가 평생 동안 전념해야 할 일[93]과 행위 규범 속에 들어 있는 아름다움을 직관하고, 모든 아름다움이 다른 모든 아름다움과 같은 종류임을 깨달아서 결국 육체적 아름다움을 하찮은 것으로 여기도록 만들어줄 것입니다. 인도자는 입문자를 평생 동안 그가 전념해야 할 일로 인도해준 다음에 지식의 세계로 이끌어서, 이번에는 그가 지식의 세계 안에 들어 있는 아름다움을 바라볼 수 있도록, 그리고 그 넓디넓은 아름다움을 응시하면서 절대로 시동들이나 하는 것처럼, 소년의 아름다움이나 특정한 사람의 아름다움 또는 하나의 일에 전념하는 아름다움과 같은 어떤 하나의 아름다움만을 좋아하지 못하도록, 그리고 노예처럼 비천하고 보잘 것 없는 말을 하는 것이 아니라, 아름다움의 드넓은 대양으로 향하는 가운데 그것에 대해 명상하면서 많은 아름답고 장려한 이야기들과 심오한 진리 탐구에서 나오는 사유들을 창출해낼 수 있도록 만든답니다. 그러한 단계를 거치면, 그는 궁극에 가서는 내가 말했던 아름다움에 관한 지식과 같은 어떤 유일한 지식을 직관할 수 있을 정도로 강해지고 성장하게 될 것입니다.

입문의 궁극적 단계: 아름다움의 계시

"소크라테스여! 그대는 최대한 정신을 집중하여 내 말을 들어보시지요. 만약에 어떤 사람이 이러한 단계까지 여러 종류의 아름다운 것을 차례차례로 그리고 올바르게 바라보면서 사랑에 관한 것을 향해 인도되어 왔다면, 그 사람은 이미 사랑에 관한 궁극적 인식에 도달하여 어느 순간 갑자기[94] 어떤 놀랄 만한 성질의 아름다운 것을 알아차리게 될 것입니다. 그런데, 소크라테스여! 지금까지 우리가 기울여왔던 모든 노력들의 목표점인 이 아름다움은 첫째로 영원한 존재이기 때문에 생성이나 소멸도, 증가나 감소도 하지 않는답니다. 둘째로 그것은 어떤 점에서는 아름답고 어떤 점에서는 추해진다거나, 어떤 때는 아름답고 또 어떤 때는 추해지거나 하지 않으며, 어떤 것과의 관계에서는 아름답고 다른 어떤 것과의 관계에서는 추해지거나, 이곳에서는 아름답고 저곳에서는 추해지는 것이 아니랍니다. 마찬가지 이유에서 그것은 어떤 사람에게는 아름답고 다른 사람에게는 추해지는 것이 아니지요. 따라서 그러한 아름다움은 그 사람의 얼굴이나 손 또는 신체의 어떤 부분에서도 그 모습을 나타내지 않을 것이고, 어떠한 언설이나 지식으로서 나타나지도 않을 것이며, 더 나아가 어떤 특정한 주체―예를 들어 지상의 생명체나 천상의 생명체[95] 또는 그 밖의 다른 것들 — 안에 존재하는 것으로 나타나는 것이 아니라, 즉자적으로 단일한 형상에 의해 자신과 결합하여 영원히 존재하는 것으로 나타날 것입니다. 반면에 다른 모든 아름다운 사물들은 그 아름다움 자체에 다음과 같은 방식으로 참여하게 된답니다. 즉 그 사물들은 생성되거나 소멸되기도 하지만 아름다움 자체를 증가시키거나 감소시키지 않는, 다시 말해 어떠한 영향도 끼치지 않는 방식으로 아름다움 자체에 참여하게 되는 셈이지요. 따라서 만약에 어떤 사람이 이 세계의 아름다운 사물들에서 출발하여, 소년에 대한 사랑을 올바르게 실천함으로써 저편에 있는 아름다움을 바라보기 시작하는 수준에 도달했다면, 그는 거의 목표점에 다다른 것이라 할 수 있지요. 그런데 사랑에 관한 것들에 올바르게 도달하거나, 인도자에 의해 인도될 수 있는 올바른 길은 다음과 같다 할 수 있습니다. 즉 그것은 이 세계의 지상적 아름다움에서 출발하여 저편의 아름다움을 목표 삼아 사다리를 오르듯이 끊임없이 한 단계씩 올라가는, 다시 말해 하나의 아름다운 육체에서 출발하여 두 개의 아름다운 육체로, 두 개의 아름다운 육체에서 모든 아름다운 육체로, 아름다운 육체에서 아름다운 자기 함양의 노력으로, 아름다운 자기 함양의 노력에서 아름다운 인식에로, 그리하여 그러한 인식들로부터 저 더 높은 단계의 인식에까지 올라가는 것을 의미한답니다. 그 인식은 피안의 아름다움 자체에 대한 인식이며 궁극적으로 아름다운 것 자체를 직관하는 것이랍니다."

d 만티네이아의 이방인이 계속해서 말했네. "친애하는 소크라테스여! 삶의 바로 그러한 경지, 만약 그러한 곳이 어디엔가 있다면, 그곳이야말로 아름다움 자체를 직관할 수 있는 사람이 살아야만 할 세계라고 할 수 있지요. 언제인가 당신도 그러한 아름다움을 보게 된다면, 당신은 어린이들이나 젊은이들의 아름다움을 그들의 재산이나 옷차림 때문에 아름답다고 생각하지는 않게 될 것입니다. 사실 그 아름다움을 눈으로 직접 보면 당신은 넋을 잃게 되어, 당신이나 다른 많은 사람들은 연인을 보아도 이제는 그 애인과 항상 함께 있으면서 식사를 같이 하거나 술을 같이 마시려고 하기보다는, 가능한 한 어떻게 해서든지 순전히 그의 아름다움만을 관조

e 하고 그것과 함께 있으려고만 하게 될 것입니다. 만약에 어떤 사람이 아름다움 자체 즉 다른 것과 구별되며 순수하고 아무것과도 섞이지 않는 아름다움 자체를 목격하게 된다면, 즉 인간적인 육체나 피부색 또는 다른 많은 가사적인 덧없는 것들에의 의해 오염되지 않은, 신적이며 단일한 형상을 지닌 아름다움 자체를 직관할 수 있게 된다면, 그 사람이 받을 느낌에 대해 우리는 무엇을 생각하게 될 것 같습니까? 당신은 필요한 모든 수단을 동원하여 그러한 세계를 바라보며, 우리

212 가 이야기하였던 그 아름다움을 관조하고 정녕 그것과 함께

있으려는 사람의 삶을 비천한 것이라고 생각할 수 있겠습니까? 당신은 바로 그러한 경지에서만, 그 사람이 비록 가시적인 것만을 통하여 아름다운 것을 보더라도, 탁월성의 허상이 아니라——그는 허상을 접촉하고 있는 것이 아니기 때문에——진정한 탁월성을——그는 진상을 접촉하고 있기 때문에——생산해낼 수 있을 것이라 생각하지 않으십니까? 사실 참된 탁월성을 낳고 그것을 돌보는 사람만이 신의 사랑을 받게 되는데, 만약에 이 세상 사람들 가운데 불사적인 사람이 있다고 한다면, 방금 우리가 말한 사람이야말로 그러한 사람이 아니겠습니까?"

소크라테스께서는 이렇게 말씀을 맺으셨다네. "지금까지 말한 것이, 파이드로스 그리고 여러분들! 바로 디오티마가 나에게 해준 이야기인데, 나는 그녀의 이야기에 설득되어버렸다네! 내 자신이 설득되었기 때문에, 나는 이러한 아름다움을 획득하는 데 있어서 인간의 본성 가운데서 사랑보다 더 훌륭한 협력자를 찾기는 어렵다는 사실을 다른 사람들에게도 설득시켜보고자 한다네. 사실 나도 방금 디오티마가 말한 것과 같은 이유에서, 모든 사람들이 사랑의 신을 존경해야만 한다고 생각하니까 말일세. 그래서 나 자신은 사랑에 관한 모든 것들을 존중하고 특별히 수행(修行)의 대상으로 삼으며, 다른 사람들에게도 그렇게 할 것을 권장하고 싶다네. 그

리고 나는 현재뿐만 아니라 앞으로도 영원히, 내 능력이 닿
c 는 한, 사랑의 신 에로스의 힘과 용기를 칭찬할 것이라네. 그
러므로 지금까지의 이야기를 파이드로스여, 그대가 원한다
면, 에로스에 대한 찬사로 간주해도 좋을 것이네. 그러나 만
약에 자네가 이 이야기에 대해 특별한 명칭을 붙여 부르고
싶다면, 자네가 직접 그 명칭을 부여해보게나."

제3부

소크라테스님이 이야기를 끝냈을 때 모든 사람들은 그의
말에 찬사를 보냈는데, 단지 아리스토파네스만이 소크라테
스께서 어떤 주제에 관하여 이야기하는 가운데 자신에 대해
언급했었던 사실을 기억한다면서 무엇인가를 말하려고 했다
d 네! 그런데 그때 갑자기 안뜰의 문을 두드리는 소리가 나더
니, 피리 부는 여인의 노랫소리와 함께 마치 축제 때처럼 시
끌벅적한 소음이 들려왔다네. 그러자 아가톤이 말했다네.
"시동들아! 너희들은 무슨 일이 일어났는지 어서 가서 살펴
보지 않고 무엇들 하느냐? 오신 손님이 만약에 내가 아는 사
람 중의 하나이면 들어오시라 하고, 그렇지 않다면 그 사람
에게 우리가 지금 술을 마시고 있지 않으며 이미 잠자리에
들었노라고 이야기하거라."

알키비아데스의 도착

아가톤의 말이 떨어지기가 무섭게 안뜰에서 알키비아데스의 목소리가 들려왔다네. 그는 술에 완전히 취해, 큰 목소리로 시동에게 아가톤이 어디에 있는지를 묻고 자기를 아가톤에게 안내하라고 명령했다네. 그래서 그는 피리 부는 여인과 그의 동행인들 중 몇 사람에 의해 부축을 받으면서 손님들 곁으로 안내되어 왔다네! 그는 담쟁이 잎과 제비꽃으로 만들어진 일종의 화관을 머리에 쓰고, 그 주위에는 리본[96]을 많이 단 모습으로 문에 기대어 서서는 다음과 같이 말했다네.[97] "여보게들 모두 잘 있었나? 자네들은 술 취한 사람 그것도 만취한 이 사람을 자네들의 향연에 동참시켜주겠나? 아니면 본래 우리가 아가톤을 찾아온 의도대로, 그에게 화관을 씌워주기만 하고 되돌아갈까? 사실 나는 어제의 축하연에도 참석하지 못했었다네. 그러나 지금은 내가 머리에 쓰고 온 화관을 벗어서 '가장 현명하고 가장 훌륭한 사람이여'라고 큰 소리로 외치면서 아가톤의 머리에 씌워주려고 온 것이라네. 그런데 그대들은 내가 술에 취했다고 해서 나를 조롱하려 드는가? 자네들이 설령 나를 비웃는다 해도 좋네. 나는 내가 진실을 이야기하고 있음을 잘 알고 있으니까 말일세. 어쨌든 나는 이미 나의 사정을 이야기하였으니, 자네들은 당장 나에게 말해주게. 내가 들어가야 되겠는가, 아니면 들어가지 말아야 되겠는가? 자네들은 나와 함께 술을 마시겠는가, 안 마시겠는가?" 그러자 모든 사람들이 박수를 치면서 그에게 들어와서 자리를 잡으라고 청했다네.

아가톤이 그를 부르자, 그는 동행인들에 의해 안내되어 오면서 아가톤에게 씌어주기 위해 자신의 머리에서 화관의 리본을 풀었다네. 그런데 그는 화관의 리본이 그의 눈앞을 가리고 있었기 때문에, 소크라테스님을 보지 못하고 두 사람 사이, 즉 아가톤 옆에 앉게 되었다네. 그가 그렇게 앉을 수 있었던 것은 아가톤이 그를 앉힐 수 있도록 소크라테스님이 자리를 약간 내어주었기 때문이라네. 그 사람은 자리에 앉자 아가톤을 껴안고, 그에게 화관을 묶어주었다네.

그러자 아가톤은 말했다네. "시동들아! 알키비아데스가 여기 이 자리에 우리와 함께 나란히 누울 수 있도록 신을 벗겨드리거라!"

알키비아데스가 말했지. "좋습니다! 그런데 여기 있는 우리와 함께 마실 세번째 분은 누구이신지요?"

그렇게 말하면서 몸을 되돌린 그는 옆자리에 있는 사람이 소크라테스임을 알아차리고는 놀라 펄쩍 뛰면서 말했다네. "오 헤라클레스 신이여! 여기 있는 이분이 누구입니까? 바로 소크라테스 선생님 아닙니까? 선생님은 여기에 덫을 쳐놓고서 또다시 저를 꼼짝 못하게 잡아버리는군요. 선생님은 평소처럼 선생님이 계시리라고는 상상도 못한 곳에 이렇게 불쑥 나타나시니 말입니다. 이번에는 어떻게 오시게 되었는지요? 그리고 특히 이 와상에는 왜 누워 계신지요? 물론 선생님은 아리스토파네스[98] 곁에는 자리 잡지 않을 것이고, 웃기는—그가 실제로 웃기는 사람이든 그러한 사람이 되기를 원하는 사람이든 간에— 어느 누구의 곁에도 자리 잡지 않으시겠지요. 선생님은 분명히 갖은 수단을 다 써서 이 안에 있는 사람들 가운데에서 가장 아름다운 사람 곁에 자리 잡으려고 할 테니 말입니다."

그러자 소크라테스님이 말했다네. "아가톤이여! 자네가 나를 방어해줄 수 있을지 한번 살펴보게. 왜냐하면 이 젊은이에 대한 사랑은 나에게는 결코 하찮은 일이 아니니까 말일세. 사실 나는 이 젊은이를 사랑하게 된 그때부터 다른 어떤 아름다운 젊은이와도 서로 진지하게 바라볼 수도, 대화할 수도 없었다네. 왜냐하면 그렇게 할 경우 이 젊은이가 나를 질투하고 시기하며 엉뚱한 일을 저지르거나 모욕을 주면서 악수조차도 하지 않으려 했기 때문이라네! 그러므로 이 젊은이가 이번에도 어떤 다른 엉뚱한 일을 저지르지는 않나 잘 살펴보게. 자네가 우리 둘을 화해시켜주든지 아니면 만약에 그가 또다시 횡포를 부리려고 하면 나를 보호해주도록 하게. 나는 이 젊은이의 광기와 지나친 사랑의 열정에 소름이 끼치니까 말일세."

그러자 알키비아데스가 말했다네. "저와 선생님 사이에 화해란 있을 수 없겠군요. 지금 하신 말씀에 대해서는 앞으로 다른 기회에 제가 선생님께 충분히 되갚아드리겠습니다. 그렇지만 지금 당장은, 아가톤이여! 내가 여기 있는 이분의 위대하신 머리에 그 화관의 리본을 묶어줄 수 있도록 그것을 나에게 넘겨주시게나. 그렇게 해야 이분은 내가 자네에게는 화관을 묶어주고, 논쟁을 함에 있어 자네의 경우처럼 엊그제 하루만 이기는 것이 아니라 언제나 모든 사람보다 우월할 수 있는 그에게는 화관을 묶어주지 않았다는 비난을 하지 않게 될 테니까 말일세." 이렇게 말하면서 그는 화관을 가져다가 소크라테스님에게 리본으로 묶어주고는 침상에 자리를 잡았다네. 일단 자리에 눕자, 그는 다시 말하기 시작했다네. "자, 여보게들! 내가 보기에 자네들은 정신이 말짱한 것 같네. 자네들이 이런 식으로 계속해서는 안 되지. 술을 더 마셔야 하지 않겠나? 왜냐하면 술을 더 마시는 일이야말로 우리들 사이의 묵계니까 말일세. 따라서 자네들이 충분히 술을 마실 때까지는 내가 술좌석의 좌장을 맡도록 하겠네.[99] 그러면 아가톤이여! 만약에 큰 술잔이 있으면 나에게 가져오라고 이르게." 그러자 아가톤은 말했다네. "그것은 하나도 어려운 일이 아닐세. 시동아! 거기 있는 포도주 단지[100]를 가져오너라!" 코틸레[101]들이보다 더 큰 단지를 본 아가톤이 시동에게 말했다네. 그 단지가 술로 채워지자, 알키비아데스는 먼저

한 방울도 남기지 않고 죽 들이킨 다음에 소크라테스님의 잔을 채우라고 시동에게 명하고서 말을 이었다네. "여보게들! 내가 이렇게 선생님께 술을 권한다고 해서 이분에게 어떤 술책을 쓰는 것이라고 생각하지는 말게나. 왜냐하면 이분은 다른 사람이 술을 권하면 권하는 만큼 다 마시고도 결코 취하는 일이 없으시니 말일세!"

시동이 잔을 채우자, 소크라테스님도 술을 드셨다네. 그러자 에릭시마코스가 말했다네. "알키비아데스여! 우리는 그러면 어떻게 술을 마셔야 되겠나? 우리는 이런 식으로 술잔을 손에 들고서 어떤 의견을 나누거나 그 무엇을 찬양하지도 않으면서, 마치 목마른 사람처럼 그저 술만 마셔야 하겠나?"

이에 대해 알키비아데스는 "에릭시마코스여! 가장 훌륭하고 현명한 부모의 아들인 매우 훌륭한 자여! 그대에게 신의 은총이 있기를 비네!"라고 말했다네.

그러자 에릭시마코스가 물었지. "자네에게도 신의 은총이 있기를 빌겠네! 그러면 우리는 무엇을 해야 하겠나?"

"그거야 자네가 우리에게 지시해야 할 일이 아닌가? 우리는 자네가 지시하는 대로 따라가야 하니까 말일세. 사실 '한 명의 의사가 여러 명의 보통 사람보다 낫다'는 말도 있지 않은가![102] 그러니 자네가 원하는 대로 처방을 내려보시게!"

에릭시마코스는 계속하여 말했다네. "자, 내 말을 들어보게. 우리는 자네가 오기 전에 각자가 앉은 자리에서 오른쪽 방향으로 돌면서 차례로 사랑의 신에 관하여 가능한 한 가장 훌륭한 이야기를 하며, 그 신에게 찬사를 보내기로 결정했었다네. 여기 있는 우리들은 모두 이미 각자의 견해를 피력했다네. 그런데 자네는 아직 자네의 생각을 발표하지 않았기 때문에 비록 술에 취했다 하더라도, 자네가 우선 말하고 그 다음에 소크라테스님께 자네가 원하는 것을 부탁하고 소크라테스님은 그 오른쪽 옆 사람에게 그리고 그 사람은 같은 방식으로 다음 사람에게 부탁하는 것이 올바른 방법일 것이네."

"에릭시마코스여! 자네 생각은 참 훌륭하네! 그렇지만 술 d 취한 사람의 말을 전혀 안 취한 사람의 말과 비교하는 것은 공평한 일이 못 되네! 그리고 친애하는 친구여! 그대는 소크라테스님께서 방금 전에 이야기한 것을 정말로 믿는단 말인가? 그대는 선생님께서 말씀하신 것이 그분의 속내와 완전히 정반대임을 알고 있는가? 사실 이분은, 만약에 내가 이분 면전에서 어떤 다른 사람을 칭찬하는 경우 그것이 신이 되었든 소크라테스님이 아닌 다른 어떤 사람이 되었든 간에, 나에게 악수하기 위해 손도 내밀지 않을 분이네." 그러자 소크라테스님이 "자네는 칭찬은 하지 않을 작정인가?"라고 물었지.

그러자 알키비아데스는 외쳤네. "포세이돈에 걸고 그것에 대해서는 아무 말씀도 하지 마시지요. 왜냐하면 저는 선생님이 있는 곳에서는 결코 다른 사람에 대해서 칭찬을 늘어놓지 않을 셈이니까요."

에릭시마코스가 끼어들었네. "그대가 원한다면 이런 식으로 해보면 어떻겠나? 말하자면 이번에는 자네가 소크라테스님을 칭찬해보면 어떻겠나?"

"자네는 무슨 말을 하고 싶은 것인가?"

알키비아데스가 말했다네. "에릭시마코스여! 자네는 그렇게 할 필요가 있다고 생각하는가? 진정 내가 자네들의 면전에서 이분을 공격하여 응분의 대가를 받아낼 필요가 있느냐 그 말일세."

소크라테스님이 물으셨네. "이 사람아, 자네는 무슨 꿍꿍이셈을 하고 있나? 자네는 나를 우스갯거리로 만들면서 칭찬하려는 것인가? 대체 자네는 무슨 칭찬을 하겠다는 것인가?"

"저는 진리만을 이야기할 것입니다. 선생님이 그것을 받아들일 수 있을지는 스스로 판단해보시지요."

"진리라면야 물론 받아들이겠네! 그러니 어디 한번 말해보게나!"

"그렇다면 제가 시작하지 않을 이유가 없지요."

알키비아데스는 말하길, "자, 그러면 선생님께서는 이렇게 하시지요. 즉 제가 만약에 참되지 않은 것을 말하는 경우에는 언제라도 선생님이 원하시는 대로 제 말을 차단시키시고 틀린 점을 곧장 지적해주시지요. 왜냐하면 제가 의도적으로 거짓말을 하지는 않을 테니까 말입니다. 그러니 제가 만약에 기억을 되살려내는 가운데 헷갈려서 두서없이 말하더라도 놀라지는 마시기 바랍니다. 지금같이 술에 취한 상황에서 선생님의 비범한 점들을 완벽하고 논리 정연하게 헤아려 서술한다는 것은 결코 쉬운 일이 아닐 테니까요."

알키비아데스의 소크라테스에 대한 찬사

"여보게들! 나는 소크라테스님에 대해 우선 그의 겉모습을 가지고 다음과 같이 칭송해보겠네. 이분은 아마도 내가 조롱거리로 삼기 위하여 말하는 것으로 여기실지도 모르네. 그러나 나는 겉모습도 진리를 위함이지 결코 웃음거리를 위해 사용하지는 않을 것이네. 나는 감히 이분이 조각상들이 만들어지는 작업장 안에 서 있는 실레노스[103]들과 가장 비슷한 사람이라고 단언하네. 장인들은 이 조각상들을 피리 또는 플루트를 들고 있는 모습으로 빚어내는데, 이 조각상들을 둘로 쪼개 열어보면 그 안에 조그만 신상(神像)이 들어 있는 것을 알 수 있다네. 내가 보기에 소크라테스님은 특히 반인반우(半人半牛)인 마르시아스[104]를 닮았다네. 소크라테스여! 겉모습을 놓고 볼 때, 선생님이 그 조각상과 비슷하다는 사실에 대해 선생님 자신도 아마 반박하지는 못할 것입니다. 그리고 선생님은 다른 점에서도 그들과 비슷한데, 다음 이야기를 들어보시지요. 선생님께서는 오만하십니다. 안 그렇습니까? 만약에 선생님이 동의하지 못하시겠다면, 제가 그 증거들을 대보겠습니다. '그러나 나는 플루트를 부는 사람이 아닐세'라고 선생님은 말씀하시겠지요. 그러나 선생님은 그 플루트를 부는 사람보다 훨씬 더 경이로운 사람이지요. 사실 플루트를 부는 사람은 악기를 이용하여 입으로부터 나오는 힘을 가지고서 사람들을 사로잡는데, 연주가들은 오늘날도 여전히 마르시아스의 작품을 플루트로 연주하고 있지요. 올림포스[105]가 연주한 곡도 그를 가르쳤던 마르시아스의 작품이니까 말입니다. 그의 곡만이 훌륭한 연주자가 연주를 하든 형편없는 여성 연주자가 연주를 하든 상관없이 듣는 사람을 사로잡고, 신과 합일하려거나 신비 의식에 입문하려는 사람들을 직관의 경지에서 깨우치도록 해주는데, 그 이유는 그 곡이 신적이기 때문이지요. 그렇지만 선생님은 악기 없이 단지 산문(散文)식으로 말[106]을 한다는 점에서만 그와 다를 뿐 동일한 결과를 가져오십니다. 적어도 확실한 것은 우리가 어떤 사람이 말하는 것을 들을 때, 그가 아무리 훌륭한 연설가라 할지라도 그의 연설이 다른 사람을 그 말 속으로 푹 빠져들게 만들지는 못한다는 점이지요. 반면에 선생님의 말씀을 직접 듣거나 다른 사람을 통해 듣던지 간에, 그리고 그 말을 전하는 사람이 아무리 시원치 않다 할지라도, 우리들은 그 듣는 사람이 성인 여자이든 남자이든, 소년이든지 간에 상관없이, 모두 그 말에 얼이 빠지고 그 훌륭함에 사로잡히게 된답니다.

진정한 철학자의 모습

여보게들! 적어도 나는 우스꽝스럽게 술 취한 것처럼 보이기를 원치 않기 때문에, 신에 맹세코 자네들에게 내가 이분의 말을 듣고서 그 당시에 느꼈었고 지금도 여전히 느끼고 있는 감정을 말하겠네. 사실 이분의 말을 듣고 있노라면, 나의 가슴은 코리반테스 신도들[107]이 신기(神氣)에 빠져 있을 때의 상태보다도 훨씬 더 빨리 뛰게 되고 눈물까지 흘리게 된다네. 그뿐만 아니라, 나는 다른 많은 사람들도 나와 동일한 감정을 느끼고 있음을 확인했다네. 그런데 나는 페리클레스나 다른 훌륭한 연설가들의 말을 들으면서 참 잘한다고 생각했지만, 그들로부터 이분한테서 느끼는 것과 같은 감정은 전혀 느낄 수가 없었다네. 즉 나의 혼이 흔들리지도 않고, 마치 노예 상태에 있는 것처럼 의지와 상관없이 심하게 격앙되는 일도 일어나지 않았단 말일세.[108] 그러나 이 마르시아스 같은 소크라테스님으로 인해 나는 내가 지금까지 살아온 식으로 살아서는 안 되겠다는 느낌을 여러 번 갖게 되었다네. 이 모든 것을, 소크라테스여! 당신은 참이 아니라고 말하시지는 않겠지요. 게다가 지금이라도 만약에 내가 이분의 말에 귀를 기울인다면, 나는 내가 이대로 차분하게 있지 못하고 또 동일한 감정에 빠지게 되리란 사실을 잘 알고 있다네. 사실 이분의 말은 많은 점에서 부족한 나로 하여금, 나 자신을 신경쓰기보다는 아테네 도시국가의 공적인 일에 더욱더 참여하도록 이끌었으니 말일세. 그래서 나는 마치 귀를 틀어막고서 세이렌을 피하듯이[109] 이분으로부터 도망쳤는데, 왜냐면 나 자신이 늙어 죽을 때까지 이분의 곁을 못 떠날 것 같아서였다네! 나는 또 한편으로 유일하게 이분에게서만, 그 어느 누구도 내 안에 들어 있으리라고 상상하지 못할 감정 즉 다른 사람 앞에서 수치심을 갖게 되는 감정을 느꼈다네. 사실 나는 바로 이분 앞에서만 수치심을 느끼게 되는데, 그 이유는 내가 이분의 명령을 거역하지도 못하고 또 만약에 내가 이분의 말을 무시하고 그 자리를 떠나가면, 많은 사람들이 나에 대해 내릴 평판에 나 자신이 굴복하게 되리라는 사실 또한 분명히 알고 있기 때문이라네. 그래서 나는 이분을 피해 도망다녔으나, 어쩌다 이분을 마주치게 될 때에는 내가 약속했던 것 때문에 수치심을 느끼곤 했다네. 나는 이분이 사람들 사이에서 사라지시면 내 마음이 즐거울 것이라고 생각한 적도 여러 번 있었다네! 그러나 만약에 그러한 일이 일어난다면, 나는 이분에 대해 나의 심리적 상태가 어떻게 될지 모를 정도로 훨씬 더 큰 고통을 느끼게 되리란 점도 너무나 잘 알고 있다네.

그의 내적인 현명함

방금 나는 이 사티로스[110] 같은 분이 연주하는 플루트 소리에 의해 나나 다른 많은 사람들이 느끼게 되는 감정을 말한 셈이라네. 그러나 이분이 내가 비교하였던 것들과 얼마나 닮았는지, 그리고 그가 얼마나 놀랄 만한 능력을 지녔는지 내 말을 들어보게나. 자네들은 자네들 중 어느 누구도 이분에 대해서 제대로 알고 있지 못하다는 사실을 잘 알고 있을 것이네. 그래서 내가 기왕에 시작을 했기 때문에 이분이 어떤 사람인지에 대해서 밝혀보겠네. 사실 자네들은 소크라테스님이 훌륭한 젊은이들을 어떠한 태도로 사랑하는지, 그리고 얼마나 열심히 항상 그들 주위를 맴돌고 그들을 어떠한 놀라움 속에 빠뜨리는지를 자네들 눈으로 직접 보아서 잘 알고 있을 것이네. 또한 이분이 겉으로는 어떤 것에 대해서도 전혀 아무것도 알고 있지 못한 것처럼 보인다는 사실도 알고 있을 것이네. 그의 겉모습은 실레노스 같지 않은가? 거의 똑같다고 해도 과언이 아닐 것이네. 정말로 이분은 외견상으로는 실레노스 상을 조각한 것처럼 외피로 둘러싸여 있으니까 말일세. 그러나 그 내부를 일단 열어보면, 오! 술잔을 함께 기울이고 있는 그대들이여, 이분이 얼마나 많은 지혜로 가득 차 있는지 자네들은 알 수 있을 것이네! 자네들이 알아야 할 것은 이분이 어떤 사람의 아름다움에도 전혀 관심이 없고 오히려 그 어느 누구도 상상하지 못할 정도로 그것을 경멸한다는 사실이라네. 뿐만 아니라, 이분은 어떤 사람이 지닌 부나 일반 사람들이 축복으로 생각하는 그외의 여러 종류의 장점들에도 관심이 없다네. 이분은 오히려 이러한 모든 자산들이 아무런 가치가 없고 우리들 자신도 아무것도 아니라고 생각하신다네. 나는 이 점에 자네들이 주의를 기울이라고 일부러 말하는 것이네. 사실 이분은 어린애처럼 굴면서 살아오셨으니까 말일세. 그러나 이분이 진지한 상태에 몰입하여 그 내부가 실레노스 조각상처럼 열려졌을 때,[111] 그 안에 들어 있는 신상을 본 사람이 있는지, 나로서는 그점이 의심스럽네. 그렇지만 나는 이미 그 신상을 본 적이 있다네. 그것은 성스럽고 황금빛 광채를 띠고 있으면서 흠잡을 데 없이 아름답고 경이로웠기 때문에, 그뒤부터 나는 소크라테스님께서 권하는 것이라면 무엇이든지 곧장 실천해야겠다고 마음먹게 되었다네!

217

그의 성품

그런데 나는 이분이 나의 아름다운 젊음에 관해 이야기하실 때 매우 진지하게 말씀하시는 것으로 여겼기 때문에, 나는 그때 이분에게 호의를 베풂을 통해 이분이 알고 계신 모든 것을 들을 수 있는 기회와 놀라운 행운을 갖게 되었다고 믿었다네. 왜냐하면 나는 내 젊음의 아름다움이 남들이 경탄해 할 정도는 된다고 생각하고 있었기 때문이지. 이러한 믿음 때문에 전에는 하인을 거느리지 않고 나 혼자서 이분과 함께 있었던 적이 없었지만, 그때에는 하인을 심부름 보내고 나 혼자 이분과 함께 있게 되었다네. 나는 자네들에게 모든 진실을 말해야만 하네. 그러니 소크라테스여! 당신께서는 정신을 똑바로 차리시고 만약에 제가 거짓을 말하는 경우에는 바로 반박하여 주시기 바랍니다. 자, 자네들은 들어보게나! 그렇게 나는 이분과 단둘이만 있게 되었기 때문에, 이분이 마치 사랑하는 사람이 자신의 연인과 외딴 곳에서 나눔직한 대화를 나와 나눌 것이라 기대하며 즐거워하고 있었다네. 그러나 기대했던 일은 일어나지 않았고, 오히려 보통 때와 마찬가지로 이분은 나와 대화를 나누고 하루를 함께 지낸 다음 집으로 되돌아가셨다네. 이러한 일이 있고 난 다음에 나는 이분을 레슬링 연습에 초대했었고, 그가 초대에 응하자 나는 이번에야말로 어떤 성과를 얻을 것이라 기대하면서 이분과 함께 연습했었다네. 그리하여 이분은 나와 여러 번 시합을 하면서 나와 훈련을 같이 했었는데 그것을 옆에서 본 사람은 아무도 없었다네. 어쨌든 그런 것을 말해 무엇하겠나? 나는 그 이상 아무것도 얻지 못했으니 말일세! 결국 나는 이러한 방법으로는 결코 목표에 도달할 수 없다고 여겼기 때문에 이분을 힘으로 공격해야겠다고 마음먹었다네. 게다가 이미 공격을 시작한 바에는 그를 놓아주지 않고, 도대체 무엇이 문제인지 그 이유를 알아내는 것이[112] 좋겠다고 생각했다네. 그래서 나는 마치 사랑하는 사람이 그의 애인에게서 무엇인가를 얻어내고자 하는 것처럼 단순히 그러한 마음으로 이분을 식사에 초대했다네. 그런데 이분은 그 초대에 즉각 응하지는 않으셨다네. 한참 뜸을 들인 다음에 이분은 결국 설득당하여 그 초대를 수락하셨다네. 그러나 처음에 오셨을 때 이분은 식사를 마치자마자 곧장 돌아가기를 원하셨다네. 두번째 초대에서는, 식사를 마친 후 거의 자정 무렵까지 이분과 대화를 나누었는데, 이분이 집으로 돌아가시려 하자 나는 너무 늦었다는 핑계로 선생님을 억지로 나의 집에 머무시게 했다네.

그리하여 선생님은 나의 와상과 나란히 붙어 있는 와상에서 쉬고 계셨었는데, 바로 그 와상에서 선생님은 식사를 하셨다네. 그리고 방 안에는 우리 두 사람 외에 자려는 사람은 아무도 남아 있지 않았다네. 내 이야기의 이 부분까지는 제대로 말해진 것이고 그 어떤 사람에게도 똑같이 말할 수 있는 내용이라네. 그러나 그 다음부터는 자네들이 나의 말을 들을 수 없을 터인데, 그 이유는 첫째로 속담에서처럼 포도주—어린이가 있든 없든 간에—안에 진리가 들어 있기[113] 때문이고, 두번째로 소크라테스의 훌륭한 행위를 깎아내리

향연 159

려는 것은 이분을 칭찬하려는 사람에게 옳지 못한 것으로 비쳐지기 때문이라네. 한 가지를 더 이야기하자면 지금 나의 상태가 살모사한테 물린 상태와 같다는 것이네. 사람들이 말하길, 이러한 상태에 처한 사람은 자기가 겪은 일을 자기와 마찬가지 경험을 한 사람 외에는 그 어느 누구에게도 말하지 않으려고 한다는군. 그 이유는 그러한 사람만이 그가 고통 때문에 지나친 행동과 언행을 하게 되어도 그 모든 것을 이해하고 용서해줄 것이기 때문이라네. 그런데 나는 살모사보다도 더 끔찍한 고통을 주는 것한테 물려서, 사람이 어떤 것한테 물려서 받을 수 있는 고통 가운데에서도 가장 심한 고통을 받았다네! 왜냐하면 철학적 논의에 의해 얻어맞고 물린 곳이 바로 심장이거나 영혼 아니면 다른 어떤 이름으로 부른다 해도 마찬가지이지만, 그에 해당하는 부분이었기 때문이라네. 그 논의는 뱀의 독보다 더 무서운 독성을 지니고 있어서 비록 우둔하지 않은 젊은이의 영혼일지라도 그것에 쏘이면 말과 행동을 뒤죽박죽으로 하게 된다네. 내가 보건대, 파이드로스와 아가톤, 에릭시마코스와 파우사니아스, 아리스토데모스와 아리스토파네스는 말할 것도 없고 자네들과 다른 많은 사람들은 모두 철학자의 광기에 가까운 정열과 디오니소스적 신명을 나누어 갖고 있는 사람들이네. 바로 그러한 이유에서 자네들 모두는 나의 말을 들어보려고 할 것이네. 따라서 자네들은 그 당시 내가 했던 행동이나 지금 내가 하려는 말도 용서하게 될 것이네. 집안의 시동들이나 여기 있는 다른 모든 속인 그리고 교양이 부족한 사람들은 귀에다가 커다란 귓바퀴의 문들을 갖다 대야할 것이네![114] 여보게들! 등불도 꺼졌고 시종들도 다 나갔으니, 이제부터는 소크라테스님에 대해 우회적으로 말할 필요 없이, 나의 생각을 자유롭게 말하겠네. 어쨌든 그때 나는 그분을 흔들면서 말했었다네.

"소크라테스여! 선생님은 잠드셨습니까?"

"전혀 아닐세!" 선생님은 말씀했었다네.

"그렇다면 제가 하고 있는 생각을 아시겠는지요?"

"그게 무엇인가?"

"선생님이야말로 유일하게 저의 연인이 될 자격을 갖춘 사람으로 보이는데, 선생님은 그 사실을 저에게 밝히기를 주저하시는 것 같습니다. 그러나 저는 이런 성격의 소유자랍니다. 즉 저는 선생님이 필요로 하는 것이면 무엇이 되었든, 그것이 저의 재산이 되었든 저의 친구가 되었든지 간에 상관없이, 그것으로 선생님을 즐겁게 해드리지 않는 것은 매우 바보 같은 짓이라 여긴답니다. 사실 저는 가능한 한 가장 훌륭한 사람이 되는 것보다 더 중요한 일은 없다고 생각하고 있으니 말입니다. 그런데 저는 그러한 일을 해줄 수 있는 분으로 선생님보다 더 훌륭한 인도자는 없다고 생각하고 있습니다. 그리고 저는 선생님 같은 분을 현자들 앞에서 칭찬해드리지 않는다는 것은, 현명하지 못한 대중 앞에서 칭찬을 해드리는 것보다 훨씬 더 수치스러운 일이라고 생각합니다."

나의 이러한 말을 듣고 소크라테스님은 평소 습관대로 자신의 특징을 그대로 나타내며 아주 천연덕스럽게 이야기하였다네.

"친애하는 알키비아데스여! 만약에 자네가 나에 관하여 말한 것이 사실이고 자네를 훌륭한 사람으로 만들어줄 어떤 능력이 내 안에 들어 있다면, 정말로 자네는 지각없는 사람은 아닐 수도 있겠네. 자네는 내 안에 들어 있는 아름다움이 다른 것과 비교할 수 없는 것이고, 자네가 갖고 있는 아름다운 외모와는 전적으로 다른 것이라는 사실을 알아차려야 할 것이네. 따라서 그러한 아름다움을 보고 나서 자네가 나와 사귀면서 자네의 아름다움과 나의 아름다움을 서로 교환하려고 시도한다면, 자네는 나로부터 조금밖에 이득을 취하지 못할 걸세. 반대로 자네가 아름다움의 허상이 아니라 그 참모습을 소유하려고 시도한다면, 자네는 정말로 동(銅)을 주고서 금을 얻는 교환을 생각하는 것이네. 어쨌든 훌륭한 젊은이여! 자네는 별로 대단한 존재도 아닌 나를 잘못 파악하는 일이 없도록 더 주의를 기울여서 살펴보게. 사실 사유의 시각은 육안으로 보는 시선이 그 정점에서 정지하였을 때, 비로소 날카롭게 꿰뚫어보기 시작하니까 말일세! 그런데 자네는 그러한 경지에 도달하려면 아직 멀었네."

이 말을 듣고서 나는 다시 말했다네.

"제가 이야기했던 것 중에서 제가 생각한 것과 다르게 말해진 것은 아무것도 없답니다. 따라서 선생님 자신께서 선생님뿐만 아니라 저에게도 최선으로 여겨지는 것에 대해 숙고해보도록 하시지요."

"자네는 훌륭하게 말하였네. 왜냐하면 다가올 미래에 우리 둘은 이러한 문제뿐만 아니라 다른 것들에 관해서도 최선으로 여겨지는 것을 숙고한 다음 그것을 실천해야 할 것이니까 말일세."

이러한 말을 듣고 나자 나는 내 말이 쏘아진 화살처럼 이분에게 상처를 입혔다고 생각하였다네. 그래서 나는 일어나서 소크라테스님에게 더 이상의 말을 덧붙일 기회도 주지 않고 여기 있는 나의 망토로 그분을 덮어드리고—그때는 겨울이었으니까—, 나 자신도 이 낡은 옷[115]을 덮고 침대에 누워 진정으로 다이몬 같고 경이로우신 이분을 나의 두 팔로 감싼 채로 온 밤을 그렇게 누워 지냈다네. 이 점에 대해서도 또한, 소크라테스여! 선생님께서는 제가 거짓말을 하고 있다고 말씀하시지는 않겠지요? 그런데 내가 이러한 모든 노력을 기울였지만 그것은 이분의 승리감만 높여주는 역할밖에 못했다네. 왜냐하면 이분은 내 젊음의 아름다움을 비난하고 조롱하였으며 심지어는 경멸하기까지 하셨으니 말일세. 이 점이 나는 중요하다고 생각하네. 친애하는 재판관들이여!—자네들이야말로 소크라테스의 오만함에 대해 판결해줄 재판관들일세——[116] 나는 남신과 여신에 모두 걸고 말하건대, 소크라테스님과 함께 잠을 잔 후에도, 나의 아버님이나 형과 함께 잤을 때와는 다른 어떤 특이한 일이 일어나지 않았었다는 사실을 자네들은 잘 알아두어야 하네!

이러한 일이 있은 후에, 내가 어떤 생각을 갖게 되었는지에 대해 자네들은 한번 상상해보게! 한편으로 이분에 의해 무시당했다고 생각하면서도, 다른 한편으로 이분의 본성과 현명함 그리고 용기에 대해 칭송을 하는 나의 마음 상태에 대해, 그리고 여태까지 내가 만나본 사람들 중에서 사려 깊음과 인내심에 있어 예외적 존재인 이분을 비로소 만날 수 있었던 나의 마음 상태에 대해서 말일세. 그리하여 결국 나는 어떻게 화를 내야 할지, 그리고 이분과의 교제를 어떻게 끊어야 할지, 또 어떻게 이분을 인도하여 잘 활용할 수 있는지에 대해 전혀 알 수 없는 처지에 놓이게 되었다네! 사실 나는 이분이 돈과 관련된 문제에서는 아이아스가 자신의 철방패[117]로 인해 상처를 입지 않는 것보다 훨씬 더 상처받지 않을 수 있다는 사실과, 이분이 자신이 갖고 있는 유일한 약점에서도[118] 나의 공격을 피했다는 사실을 잘 알고 있다네. 그리하여 나는 어찌할 바를 몰라, 그 어떤 사람도 다른 사람에 의해 당해본 일이 없을 정도의 노예 상태에 빠져 갈팡질팡 헤매고 있는 중이라네!

외적인 것들에 관한 그의 무관심

사실 이러한 모든 것들은 그전에 일어났던 일이고, 그 일이 있은 후에 우리는 포테이다이아 전투에 함께 파견된 적이 있었는데,[119] 이 전쟁터에서 우리는 식사를 같이하는 동료였었다네.[120] 이분의 특성을 말하자면, 첫째로 고통을 참는 데 있어서는 나뿐만 아니라 다른 어떤 대원보다도 훨씬 더 뛰어나셨다네. 전쟁터에서 흔히 겪듯이, 우리가 전쟁터 어디에서인가 서로 연락이 두절되어 식량 보급이 끊어진 상황에 처하게 될 때마다 배고픔을 참아내는 데 있어 그를 능가하는 사람은 결코 없었다네. 반대로 먹을 것이 많을 경우에는 이분만이 음식과 술을 마음껏 먹고 마시며 즐길 수 있었다네. 특히 술 마시는 일에 관한 한, 이분은 자청해서 술을 마시지는 않지만, 다른 사람이 권하여 마실 수밖에 없는 경우에는 모든 사람을 능가했는데, 그 중에서도 가장 놀라운 일은 어느 누구도 이분의 술 취한 모습을 본 적이 없다는 점이라네. 이 점에 대해서는 지금 당장이라도 시험해볼 수 있으리라고 나는 생각하네.

그 다음으로 겨울의 추위를 견뎌내는 일에 대해서도 ── 그 지역의 겨울 날씨는 매서우니까 말일세 ── 이분은 놀라울 정도였다네. 언제인가 가장 매서운 추위로 얼음이 얼던 날 우리 각자는 아예 막사 밖으로 나가지 않거나 밖에 나가야만 할 경우에는 신을 신으면서도 발을 양모나 양가죽으로 둘러싸고서 밖으로 나갔었다네. 그런데 이분은 그러한 날씨에도 그전에 항상 입고 다녔던 바로 이 옷만을 걸치고 맨발로 밖에 나가셨지. 그럼에도 불구하고 신을 신은 다른 사람들보다 더 편하게 얼음 위를 걸어다니셨네. 그러니 소크라테스님이 의도적으로 자신들을 모욕하고 있다고 생각한 병사들이 이분을 화난 얼굴로 쳐다본 것도 무리가 아니지 않겠나.

c 이분의 인내심에 관한 이야기는 이 정도로 끝마치겠네. 그러나 이번에는 그때 전쟁터에서 *이 용사가 다른 면에서 성취하고 견뎌낸 것*[121]에 대해 이야기해보겠는데, 그것은 매우 들어볼 만한 가치가 있을 것이네. 이분은 어느 날 아침부터 어떤 생각에 사로잡혀 사고의 실마리를 찾기 위해 한곳에 서계셨다네. 그런데 실마리가 떠오르지 않자, 이분은 그 자리에서 떠나지 않고 계속 서서 답을 찾고 계셨다네. 정오가 되어도 이분이 거기에 그대로 서계신 것을 본 병사들은 놀라서, '소크라테스가 새벽부터 무엇인가를 생각해내느라 한 자리에 서 있다'고 서로 수군거렸다네. 저녁이 되자, 이분을 관찰

d 하던 사람들 가운데 몇 사람이 저녁 식사를 마치고 — 그 당시는 여름이었지 — 야외 침대를 밖으로 끄집어내어 시원한 곳에 누워 쉬면서, 소크라테스님이 밤새도록 그곳에 서 있을 것인지를 살펴보기로 하였다네. 그런데 이분은 날이 밝아 해

가 떠오를 때까지 그곳에 서계셨다네! 그 다음날 아침이 되어서야 이분은 태양에 기도를 드린 다음에 그 자리를 떠나셨지 뭔가?[122]

그의 용기

이제 자네들이 원한다면, 나는 전쟁터에서 보여준 이분의 행동에 대해서 이야기해보겠네. 왜냐하면 나는 그것에 대해 이야기함으로써 이분에게서 받은 은혜를 보답하는 것이 올바른 일이라고 생각하기 때문이라네. 이 전투에서—이 전투가 끝난 후 지휘관들은 나에게 훈장을 수여했었다네— 이분만이 나를 구해주지 않았었다네. 즉 이분은 부상을 당한 나를 남겨놓고 가버린 것이 아니라, 나의 무기뿐만 아니라 목숨까지도 구해주셨다네. 소크라테스여! 그때 저는 지휘관님에게 훈장을 선생님에게 수여해야 한다고 간청했었지요. 이러한 사실에 대하여 선생님께서는 저를 비난하지도 않을 것이고 또한 제가 거짓을 말한다고 하시지도 않으실 것입니다. 그러나 지휘관들은 저의 사람 됨됨이만을 주시하였고, 게다가 선생님께서 오히려 제가 훈장을 받아야 한다고 지휘관들보다 더 완강하게 주장하셨기 때문에 그들은 저에게 훈장을 주기를 원했었지요. 이러한 일 외에도, 여보게들, 이번에는 우리 군대가 패해서 델리오스로부터 퇴각할 당시의 소크라테스님을 살펴볼 필요가 있다네. 그 당시에 나는 우연히 이분 옆에 있었는데, 나는 말을 타고 있었고 이분은 중무장을 하고 계셨다네. 그때 이분은 뿔뿔이 흩어져 도망치고 있는 여러 병정들 중에서 라케스와 함께 퇴각하고 있었다네. 바로 이때 나는 그들을 보게 되었고 나는 그들에게 용기를 내라고 격려하며 결코 그들을 저버리지 않겠다고 말했었다네. 여기에서 나는 포테이다이아 전투 때보다도 더 훌륭한

b 소크라테스님의 모습을 관찰할 수 있었다네. 왜냐하면 그때 나는 말을 타고 있어서 두려움을 덜 느끼고 있었으니까 말일세. 우선 소크라테스님은 라케스보다도 훨씬 더 똑바로 정신을 차리고 있었다네. 그 다음으로 아리스토파네스여! 이분은 자네의 시 구절이 표현하고 있듯이, 그곳 전쟁터에서도 아테네에서와 똑같이 움직이고 있는 것처럼 생각되었다네. 즉 이분은 *당당하게, 번뜩이는 두 눈으로 주위를 날카롭게 경계하며*[123] 아군과 적군을 침착한 시선으로 살폈었다네. 그리고 적군과 부딪치면, 이분이 적과 완강하게 맞서 싸우는 것이 멀리에서 봐도 모든 사람에게 분명하게 보였다네. 그리하여 이분과 라케스 둘 다 안전하게 후퇴할 수 있었다네. 사실 그 어떠한 적도 전투를 할 때 이러한 전투 태세를 갖춘 사람하

c 고는 맞닥뜨리기를 원하지 않고, 걸음아 나 살려라 무조건 내빼는 사람들에 대해서는 오히려 추격을 하게 되는 법이 아니겠나!

확실히 우리는 이외에도 소크라테스에게서 칭찬하고 경탄스러워 할 다른 많은 것들을 발견할 수 있다네! 사실 다른 종류의 활동들 중에서는 그 정도의 칭송을 받을 수 있는 사람들이 꽤 있는 편이라 할 수 있네. 그러나 예전 사람이든 오늘날의 사람이든 그 중의 어느 누구와도 같지 않은 그의 독특한 점은 무엇보다도 놀랄 만한 것이라네. 실제로 아킬레우스와 같은 장군의 예는 브라시다스[124]나 다른 사람들에게서 찾을 수 있고, 페리클레스와 같은 웅변가의 예는 네스토르[125]나 안테노르[126] 그리고 다른 사람들에게서도 찾아볼 수 있지. 그리고 다른 뛰어난 사람들에 대해서도 우리는 이와 같은 방식으로 비교할 수가 있다네. 그러나 이분과 같이 그 자신의 인격이나 말함에 있어 범상함을 뛰어넘는 사람의 예를 우리는 예전 사람들이나 오늘날의 사람들 가운데에서 거의 찾아볼 수가 없다네. 혹 내가 말했던 존재자들 즉 사람이 아니라 실레노스나 사티로스와 이분을 그 인격이나 말함에 있어 비교하는 경우가 아니라면 말일세. 왜냐구? 그 이유에 대해 나는 처음에는 언급하지 않고 남겨놓았었는데 지금 그것을 다시 말하자면, 이분이 하는 이야기들이야말로 그 내부를 드러낸 실레네 조각상들과 가장 비슷하기 때문이라네. 사실 이분이 하는 말을 들어보면, 누구나 처음에는 그의 말이 매우 우스꽝스럽다고 여기게 될 것일세! 이분의 말들은 겉으로는 단어들과 구절들로만 덮여 있어서, 오만한 사티로스의 외피처럼 보인다네. 왜냐하면 이분은 짐 운반용 당나귀나 대장장이, 또는 구두 만드는 사람이나 무두질하는 사람들에 대해 이야기할 때도 언제나 똑같은 생각을 가지고 똑같은 것을 이야기하는 것처럼 보이기 때문이지. 그래서 이분을 모르고 이해하지 못하는 사람들은 누구나 이분의 이야기를 비웃을 수밖에 없다네. 그러나 그 이야기들의 열려진 모습을 보고 그 내부에 도달하게 된 사람이면 누구나, 우선 그 내부가 지성으로 가득 차 있고 그 안에 가장 신성하고 가장 많은 탁월성을 지닌 신상들이 들어 있으며, 더 나아가 훌륭하게 되려는 사람이면 누구나 반드시 추구해야 할 모든 것에 가장 넓게 퍼져 있음을 발견하게 될 것이라네.

소크라테스의 젊은이에 대한 사랑

여보게들! 바로 이러한 것들이 내가 소크라테스님에 대해 칭찬하는 점들이라네. 반면에 이분에 대한 불평이 있다면 이
b 분이 나에 대해 모욕했던 점들을 이것저것 섞어가면서 자네들에게 말한 것이라네.[127] 사실 이분은 나에 대해서만이 아니라 글라우콘의 아들인 카르미데스와 디오클레스의 아들인 유티데모스 그리고 이분이 그들을 사랑하는 것처럼 행세하면서 농락했던 다른 많은 사람들에 대해서도 그러한 식으로 행동을 하셨었다네. 실상 그들과 관련하여 이분은 사랑하는

사람의 역할보다는 사랑받는 연인의 역할을 수행한 셈이지. 그래서 아가톤이여! 자네에게 충고하건대, 자네도 이분한테 놀림당하지 말고, 우리들의 경험을 교훈 삼아, 속담이 말해 주듯이 '실제로 겪고 나서야 비로소 깨닫는' 우둔한 아이처럼 되지 않도록 주의하는 게 좋을걸세."

알키비아데스의 이러한 이야기는 그가 소크라테스님을 아직도 사랑하고 있는 것처럼 여기게 했네. 때문에 그의 지나치게 솔직한 태도는 웃음거리가 되었다네. 그러자 소크라테스님이 말했다네. "알키비아데스여! 자네는 전혀 술 취한 것처럼 보이지 않네 그려! 그렇지 않다면, 자네는 결코 이렇게 우아하게 완곡한 표현으로 계속 둘러대면서, 자네가 무엇 때문에 이 모든 것을 말하는지 그 목적을 감추려고 노력하지 않을 텐데 말일세. 사실 자네는 부차적인 것처럼 말하면서 본래 말하고자 했던 것을 끝에 가서는 드러내고 있네. 즉 자네는 내가 자네만을 사랑하고 다른 어떠한 사람도 사랑해서는 안 되며, 아가톤은 자네에 의해서만 사랑받고 다른 어떤 사람에 의해서도 사랑을 받으면 안 된다고 생각하면서, 나와 아가톤을 서로 싸우게 만들려는 의도는 숨긴 채 그 모든 것을 말하고 있지 않은가? 그러나 자네의 의도는 우리의 시선을 벗어나지는 못했네. 오히려 그 의도가 분명하게 드러났다네. 그러므로 친애하는 아가톤이여! 알키비아데스가 어떠한 이익도 누리지 못하도록 해야겠네. 그러니 따라서 자네는 어느 누구도 나와 자네 사이를 갈라놓지 못하도록 단단히 준비하도록 하게!"

그러자 아가톤이 말했다네. "소크라테스여! 선생님께서 진실을 이야기하신 것 같습니다. 왜냐하면 알키비아데스가 저와 선생님 사이의 자리로 들어와 앉는 것은 우리 사이를 떼어놓기 위한 것임을 제가 직접 목격했으니 말입니다. 그러니 알키비아데스가 실제로 어떠한 이익도 얻지 못하도록 제가 선생님 곁으로 가서 눕겠습니다."

그러자 소크라테스님은 "물론 좋지! 자, 이쪽 내 밑에 자리를 잡게"라고 말씀하셨네.

알키비아데스는 탄식했네. "오, 제우스 신이여! 저는 이 사람으로부터 또다시 얼마만큼의 고통을 받아야 한단 말입니까? 이분은 모든 면에서 저보다 우월해야 한다고 생각하고 계시니 말입니다. 그러나 경탄스러운 분이시여! 적어도 그대가 그렇게 우월하시다면, 아가톤이 우리 둘 사이에 자리 잡을 수 있도록 허락해주시지요."

소크라테스님이 이어 "그것은 불가능한 일이라네. 왜냐하면 자네는 이미 나에 대한 칭찬을 늘어놓았고, 이번에는 내가 나의 오른쪽에 있는 사람을 칭찬해야 하기 때문이라네. 그러니 만약에 아가톤이 자네 밑에 있는 와상에 자리를 잡게 되면, 내가 그 사람을 칭찬하기 전에 다시 다른 사람이 나에 대해 칭찬을 해야 하지 않겠는가? 그러니 다이몬 같은 친구여! 그렇게 하도록 허락해주시게! 그리고 이 청년이 나로부터 칭찬받는 것에 대해 질투하지 말게나! 사실 나는 그에 대해 마음껏 칭찬하고 싶으니까 말일세"라고 말씀하셨지.

아가톤이 말했네. "저런! 저런! 알키비아데스여! 나는 이 자리에 그대로 남아 있을 수가 없게 되었네 그려. 내가 소크라테스님께 칭찬을 받기 위해 당장 자리를 옮겨야 하겠기에 말일세."

그러자 알키비아데스가 말했지. "그러한 일은 항상 일어나는 법이라네! 즉 소크라테스님만 나타나면 어떠한 사람도 훌륭한 청년을 차지할 수가 없게 된다네. 지금도 또한 얼마나 쉽게 그리고 그럴듯한 이유를 대서 이분은 자기 곁에 이 훌륭한 청년을 자리 잡도록 만들었는가!"

끝맺는 말

이리하여 아가톤은 소크라테스님 옆에 눕기 위하여 일어났다네. 그때 갑자기 문 쪽에서 축제에 참여했던 한 무리의 사람들이 몰려왔는데, 그들은 사람이 밖으로 나오는 것을 보고서 문이 열려 있음을 알아차리고 곧장 우리들에게로 다가와 와상에 자리를 잡았다네. 그러자 모든 것이 소란스러움으로 가득 차서 그때까지의 질서는 깨져버렸고 포도주도 무한 정 마실 수밖에 없게 되었다네.

　아리스토데모스가 전해준 이야기에 의하면, 분위기가 여기에 이르자 에릭시마코스와 파이드로스 그리고 다른 몇몇 사람들은 자리에서 일어나 가버렸다고 하네. 그런데 아리스토데모스는 졸음이 몰려와 잠에 골아 떨어졌다가——그때는 밤이 긴 시절이었다네——새벽녘에야 깨어났는데, 그때는 이미 첫닭이 운 뒤였다는군. 잠에서 깨어나 보니 일부는 잠을 자고 있고, 일부는 각자의 집으로 되돌아갔으며, 아가톤과 아리스토파네스 그리고 소크라테스님 세 사람만이 그때까지도 잠들지 않고 큰 술잔을 왼쪽에서 오른쪽으로 돌리면서 포도주를 마시고 있었다고 하네. 소크라테스님은 그들과 대화를 나누고 있었지만, 아리스토데모스는 그 대화의 내용이 무엇이었는지에 대해서는 전혀 기억을 못한다고 말하더군. 왜냐하면 그는 점차 잠에 빠져들어 그들의 대화를 처음부터 계속해서 듣지 못했기 때문이라네. 그렇지만 요점은, 소크라테스님이 희극을 쓸 줄 아는 것과 비극을 쓸 줄 아는 것이 동일한 사람에게 속할 수 있고 따라서 비극을 쓸 수 있는 기술을 가진 사람은 희극도 쓸 수 있다는 사실을 그 두 사람이 인정하지 않을 수 없도록 만들었다는 점이라 할 수 있네.[128] 그 두 사람은 억지로 이러한 사실을 인정하면서도 대화를 잘 따라 갈 수가 없었기 때문에 잠결에 머리만 끄덕이고 있었다고 하네. 그러다가 아리스토파네스가 먼저 잠들고 그 다음에 거의 동이 틀 무렵, 아가톤도 잠들었다고 하더군.

그리하여 소크라테스님은 그 두 사람을 모두 잠들게 한 후 일어나서 밖으로 나갔고, 아리스토데모스는 평소에 늘 그렇게 하듯이 그분의 뒤를 쫓아 밖으로 나갔다네. 그분은 리케이온[129]으로 가서 세수를 한 다음 여느 날과 똑같은 하루를 보내셨다네. 그렇게 낮 동안을 보낸 다음에 저녁이 되자 집으로 돌아가 휴식을 취하셨다고 하네.

■ 옮긴이 주

1) 아폴로도스가 직접 말을 주고받는 친구는 한 명이지만, 실제 그 두 사람 사이에 오고가는 대화를 듣는 친구들은 여러 명임을 추리할 수 있다.
2) 팔레론은 아테네의 항구이다.
3) 호칭을 가지고 장난을 친다는 것은 호격(呼格)으로 사람을 부르는 대신에 고의적으로 주격(主格)으로 부름을 뜻한다. 그런데 주격으로 사람의 이름을 부르는 것은 법정에서 피의자 및 원고를 호명할 때에만 사용되는 용법이다. 이는 법정에서 피고와 원고의 견해 중 참으로 판명된 것만이 궁극적으로 받아들여지듯이, 지금부터의 이야기도 참된 것만이 받아들여지게 될 것임을 암시하고 있다.
4) 팔레론으로부터 도심에 이르는 성벽 옆으로 나 있는 이 산책로의 길이는 약 1마일 정도로 알려져 있다.
5) 소크라테스는 평소에는 신발을 신지 않고 맨발로 다닌 것으로 전해진다. 그의 소박한 삶에 대한 기호는 제자들에게 매력적인 특성으로 비쳐졌다(173b, 220b 참조).
6) 속담에 따르면, 연회에는 초대받은 사람만이 오게 되어 있다. 그러나 여기에서 소크라테스는 한편으로는 자신이 이미 아가톤에게서 초대받았으

므로, 자기가 아리스토데모스를 또 초청해도 아가톤이 그를 초청하는 것과 마찬가지라는 논리로, 다른 한편으로는 고유명사인 아가톤Agathon의 본래 의미가 훌륭한 사람agathon이므로, 훌륭한 사람이 훌륭한 사람 집에 가는 것은 당연하다는 논리로 자신의 말을 정당화시키고 있다(호메로스, 『일리아드』 18권 587행 참조).

7) 호메로스, 『일리아드』 10권 224행. 두 사람이 동행하면 한 사람이 못 보더라도 다른 사람이 볼 수 있기 때문에, 혼자 가는 것보다 훨씬 유익하다는 뜻을 지닌 격언에 가까운 속담.

8) 그리스인들은 먹는 것 자체보다는 술을 함께 마시며 이야기를 나누는 것을 더 중시하는 식사 문화를 지니고 있었다. 따라서 식탁은 앉아서 먹기보다 2, 3인이 비스듬히 누워 서로 바라보면서 술을 마시고 이야기하기에 편하도록 되어 있다. 이 같은 맥락을 고려하여 역자는 그리스어 cline를 식탁 대신에 와상(臥床)으로 번역하였다.

9) 양모(羊毛)에 물을 조금씩 부으면, 물이 털의 윗부분에서 아랫부분으로 흘러가는 것을 묘사하고 있다.

10) '누가 옳은지 판가름을 낸다diadikazein'라는 것은 두 사람이 경쟁을 할 때 쓰는 관용적 표현이다. 여기에서는 소크라테스와 아가톤이 지혜sophia를 겨루는 것을 의미한다. 디오니소스를 심판관으로 모시는 것은 그가 비극 경연 대회의 심판관일 뿐만 아니라, '포도주의 신'으로서 술꾼들의 음주 시합의 심판관도 되기 때문이다.

11) 지금은 유실되어 전해지지 않는 에우리피데스의 두 작품 『묶여 있는 멜라니페』 『현녀(賢女) 멜라니페』 중에서 두번째 작품 속에 나오는 것으로 알려진 "내 이야기가 아니라, 내 어머니로부터 들은 이야기"라는 표현을 원용한 것이다. 멜라니페(또는 아르네)는 포세이돈과의 사이에서 쌍둥이 아들 에올로스와 베오토스를 낳는다. 그러자 그녀의 아버지는

그녀를 소경으로 만들어 감옥에 가둔 다음, 쌍둥이 외손자들을 산에 버린다. 그후 성장한 그녀의 두 아들들은 어머니를 구하고, 포세이돈은 그녀의 시력을 되찾게 해준다. 위 표현에 나오는 어머니는 바로 이 쌍둥이들의 어머니를 의미한다.

12) 여기에서 언급하는 현명한 사람이란, 술병들과 생쥐들을 칭찬하였던 폴리크라테스일 수 있다.
13) 그리스인들은 수치스러운 일을 물리치지 못하는 것 — 예를 들어 부정(不正)당하는 것 — 도 무능력으로 보았다. 그것은 그들이 부정에 항거하지 않는 것 자체가 부정을 만연시키는 방조 역할을 한다고 생각했기 때문이다.
14) 함께 어깨를 맞대고 협력하여 적을 무찌르는 중무장 보병의 전투 양상을 비유한 표현.
15) 전설에 따르면 오르페우스는 디오니소스 의식에 참여하고 있는 여신도들 bacchantes에 의해 사지가 찢겨져 죽은 것으로 알려져 있다.
16) 여기에서 사랑의 목표에 도달하는 것이란 육체적 결합에 도달하는 것을 의미한다.
17) 그리스어에서 '이러한 자(者)들 houtoi'이란 인칭대명사를 덧붙이는 것은 상대방을 경멸할 때 쓰는 용법이다.
18) 소년에 대한 사랑을 금지하는 법.
19) 북서 펠로폰네소스의 평원. 말 사육으로 유명하다.
20) 아티카와 접경해 있고 아티카와 비슷한 면적을 지닌 중앙 그리스의 한 지역으로, 밀 생산과 말 사육으로 유명하다.
21) 참주정이라는 정치 제도 안에서는 사랑을 예찬하는 풍속이 자칫 체제에 도전하는 정신과 힘을 줄지 모른다는 우려 때문에, 그것을 수치스러운 것으로 간주하는 경향이 있다.

22) 체육관 즉 학교는 진리에 대한 탐구뿐만 아니라 육체적 훈련을 하는 곳인데, 그 상반되어 보이는 행위의 기저에는 그 무엇인가를 사랑한다는 공통 요소가 자리 잡고 있다. 체육관은 그외에도 정치적 모임의 중심지가 되기도 하였다.
23) 두 사람은 참주 히피아스(B.C. 527~510)의 동생인 히파르코스(B.C. 527~514)를 찔러 죽였다(B.C. 514). 하르모디오스는 현장에서 죽임을 당하였고 후에 그를 기리는 동상이 세워졌다. 아리스토게이톤은 나중에 고문을 받다가 죽었다.
24) '사랑에 대한 서약은 단 하루만 지속되는 법이니라' 라는 그리스의 속담을 의미한다.
25) 문법적으로 단수를 사용한 것은 그러한 일이 실제로 각각의 개인에게 일어남을 강조하기 위한 것이다.
26) 그리스 속담에는 '시간만이 어떤 것을 판가름하는 유일한 시금석이 된다' 라고 표현하는 격언들이 매우 많다.
27) 여기에서의 '속았다'는 것은 사기꾼에게 속는 것과는 다른, 예를 들어 스승이 제자에게 지식을 가르쳐주었는데, 그 제자가 제대로 현인이 못되는 경우에, 스승이 제자한테 실망하는 것 또는 속았다고 느끼는 것을 의미한다.
28) 파우사니아스는 즉흥적으로 떠오르는 이야기가 아니라, 평소에 자신이 가졌던 견해를 수사학적 기술을 동원하여 피력하고 있다. 그러나 저자 플라톤은 그의 견해를 탐탁하지 않게 여기고 있기 때문에 이런 표현을 사용하고 있다.
29) 그리스어로 파우사니아스는 문자 그대로 '어떤 행동을 끝마친 상태, 중지한 상태'를 일컫는다. 이렇게 사람 이름인 '파우사니아스'와 동사 '파우사메노스(말하는 것을 끝마쳤다)'를 결합시키듯이, 비슷한 발음의 주

어와 동사를 결합하여 문장을 만드는 것(파우사니우 파우사메누: 말을 끝낸 사람이 말을 끝내자)은, 그리스의 지식인들이 즐겨 사용하였던 일종의 수사학적 기술이다.
30) 신체의 한 부분에 어떤 성질이 부족하면 그것을 채워주고, 지나치게 많으면 그것을 덜어내어 전체적으로 조화를 유지하도록 해줌을 의미한다. 한의학적 용어로 표현하자면, 신체의 어떤 기능이 저하되어 있으면 그것을 보(補)해주고 지나치게 항진(亢進)되어 있으면 그것을 사출(射出)시켜 주는 것이라 할 수 있다. 신체의 병든 부분이란 병든 상태를 사랑하고 있음을 의미하는 것이다. 그 부분으로 하여금 병든 상태 대신에 건강한 상태를 사랑하도록 만들어준다는 것은 병을 고치는 행위의 비유적 표현이라 할 수 있다.
31) 이때의 사랑이란 신체의 한 부분이 어떤 성질을 사랑한다는 것 즉 그 성질을 유독 고수하고자 하는 것을 의미한다.
32) 아리스토파네스와 아가톤을 지칭한다.
33) 신체적 훈련을 통한 치료법은 기원전 5세기에 다이어트 치료로 유명하였던 타렌툼의 이코스와 셀림브리아의 헤로디쿠스에 의해 특히 강조되었다.
34) 농경술은 체육보다는 덜 적합한 예이나 농경술에서도 지나치게 촘촘하거나 병든 농작물을 솎아내는 기술이 애용되고 있기 때문에, 동물을 다루는 기술과 그 원리는 같다는 점에서 여기에 인용되고 있다.
35) 플라톤은 전체성으로서의 하나와, 그것이 분열되어 나타나는 부분으로서의 하나를 동일한 용어 일자(一者, to hen)를 사용하면서(수적으로 하나라는 유적 특성만을 부여하여) 논의를 전개하곤 했다.
36) 그리스어 paideia는 현대어에서 '교육'으로 번역될 수밖에 없으나 현대인이 '교육'이란 개념에 대해 품고 있는 것보다 훨씬 더 넓은 함의를 지

니고 있다. 다시 말해 지엽적이고 전문적인 기능 교육보다는 인격을 향상시켜줄 수 있는 교육적 활동 일반 전체 즉 인문교육을 지칭한다.
37) 그리스 신화에 나오는 무사 Mousa들은 노래·시·무용·연극 그리고 모든 종류의 예술을 관장하는 여신들이다. 플라톤이 여기에서 우라니아 여신을 좋은 사랑에, 폴림니아를 나쁜 사랑에 연관시킨 이유는 분명하게 드러나지 않는다. 물론 통속적 사랑을 폴림니아와 연관시킨 것은 이 여신이 수호하는 서정시가 개인적 감정에 대한 표현이기 때문임은 분명하다. 그러나 천문학의 수호신인 우라니아를 파우사니아스가 말하는 천상의 아프로디테에 연결지은 이유는 명확하지 않다. 플라톤은 아마도 천체가 지닌 파타고라스적 조화, 그리고 행성들 사이의 간격과 그들 속도의 관계에 대한 음악적 해석에 근거하여 에릭시마코스의 입을 빌려 이러한 주장을 함께 하게 되었을 것이다. 어쨌든 확실한 것은 에릭시마코스가 세속적 시와 음악은 신성한 시와 음악에 배치(背馳)되고, 따라서 세속적 시와 음악은 통제되어야 한다고 생각하고 있다는 점이다.
38) 여기에서 phylax는 통제관으로 번역되었으나, 본래는 보초·수비대·감시자를 뜻한다.
39) 우스갯소리를 장점으로 지닌 여신은 희극의 수호신 탈리에 Thalie를 지칭한다.
40) 앞서 말한 두 사람의 철학자 풍의 이야기와 달리, 아리스토파네스는 서정적인 독창성으로 가득 찬 표현을 사용하여 이야기할 것임을 암시하고 있다.
41) 아리스토파네스는 인간 본성의 신비 자체에 청중들을 입문시키려고 하고 있다. 이것은 종교적 신비 mysterium의 세계에로 입문시켜 주는 사람을 정신적 안내자 또는 스승으로 여기고, 일단 입문된 사람은 다시 다른 일반인들도 그 진리의 세계로 입문시킬 의무를 지닌다는 그 당시의 종

교적 관습을 비유적으로 따를 것임을 암시한다.
42) '자웅동성androgynon'은 '남성andron'과 '여성gynon'이 합쳐져서 만들어진 단어이다.
43) 형제간이었던 이 두 거인은 하늘로 올라가기 위하여 올림포스 산에 오싸Ossa 산을 쌓고, 그 위에 다시 펠리온Pelion 산을 쌓았다.
44) 아폴론에게 이러한 업무가 주어진 것은 그가 치료의 신(『크라틸로스』 405ab 참조)이었기 때문이다. '나쁜 것들을 쫓아버리는 자, 도와주는 자'는 아폴론의 여러 별명 가운데 하나이다.
45) 남성·여성이 합쳐진 것이 아닌 순전히 여성성만으로 전체가 이루어진 여성을 말한다.
46) '축소형'으로 번역한 그리스어 테마키온temachion의 본래 의미는 '소금에 절여 말린 생선의 작은 토막'을 의미한다.
47) 이 당시 그리스에서 정치를 한다는 것은, 권력과 명예 그리고 돈만을 추구하고, 갖은 술수를 동원하여 목적을 달성하려는 타락한 의미의 정치가 아니라, 사리사욕을 버리고 오직 나라를 위하여 봉사하는 진정한 의미에서의 정치 행위를 뜻한다.
48) 헤파이스토스는 대장장이 신이다. 그의 연장은 망치이다.
49) 플라톤이 장인(여기에서는 대장장이)의 작업(구리와 주석을 녹여 청동을 만드는 일)을 비유로 든 것은, 그것이 융합 상태의 가장 구체적인 이미지를 묘사해주기 때문이다.
50) 그리스 시대의 관습에 따르면, 한 나라가 다른 나라한테 점령을 당한 경우, 점령된 나라의 주민들은 점령국에 의해 여러 마을로 강제로 분산되어 살게 된다. 이러한 관습은 디오이키스모스dioichismos라 불렸다.
51) 리스파이lispai라는 주사위는 반으로 쪼개어져 주사위 놀이를 하는 사람에게 인식표로서 주어진다. 이렇게 주사위는 어떤 사람에게 귀속될지

모르기 때문에, 그리스인들은 미래의 불확실한 운명을 나타낼 때 '주사위 같은 운명'이란 비유적 표현을 쓰게 된다.
52) 이 대목은 파우사니아스의 아가톤에 대한 사랑을 암시하고 있다(177d 참조). 두 사람은 모두 원초적 남성이 반으로 나뉘어 태어난 남자들이기 때문에 서로 상보적 감정을 지니고 있다.
53) 아가톤은 수사학에서 이야기하는 방법의 기교를 빌려서 이야기하려 하고 있다.
54) 이아페토스는 우라노스와 가이아의 아들이며, 프로메테우스·에피메테우스·아틀라스·메노에티우스의 아버지이다.
55) 아낭케는 필연·운명의 여신이다.
56) 크로노스가 자신의 아버지인 우라노스의 생식기를 거세한 사건을 지칭한다.
57) 백 개의 손을 가진 hechatonchires 세 신들(천둥의 신 브론테스, 번개의 신 스테로페스, 벼락의 신 아르케스)은, 처음에는 그들의 아버지인 우라노스에 의해 묶여 있었고 그 다음에는 그들의 막내동생인 크로노스에 의해 묶여 있었다. 조카인 제우스에 의해 풀려난 그들은 신들과 거인족 사이에서 일어난 전투에서 제우스를 도와 신들이 승리하도록 만드는 데 중요한 역할을 하였다.
58) 호메로스, 『일리아드』 19권 92행. 제우스의 딸인 아테는 불행한 운명을 가져오는 여신이다.
59) 플라톤은 에로스의 유연성을 자유자재로 변하는 물에 비유하여 묘사하고 있다.
60) 이 문장은 고르기아스의 제자인 수사학자 알키다마스의 말을 인용한 것이다. 비슷한 표현이 아리스토텔레스의 『수사학』(3권 3장, 1406a, 18)에서도 나온다.

61) 용기와 전쟁의 신.
62) 호메로스, 『오디세우스』 7권 266행.
63) 에우리피데스의 유실된 작품 『스테네보이아』에 나오는 표현은 학문이나 예술에 전혀 문외한인 사람을 지칭하는 관용구이다.
64) 진정한 의미에서의 발명이나 창조가 아닌 장인적 기술 즉 실제적 기술을 의미한다.
65) 에로스는, 우리가 고통이나 공포 또는 열정에서 빠져나오려 할 때나 또는 논쟁에서 이기려고 할 때, 우리 행동이 나아가야 할 방향에 대한 전반적 지침의 차원뿐만 아니라 구체적인 문제들을 하나하나 해결하는 행동의 차원에서도 똑같이 관여한다.
66) 호메로스, 『오디세우스』 11권 633~35행. 고르기아스와 고르곤이 앞 음절에 동일한 발음가 '고르'를 지니고 있다는 사실에 근거하여, 소크라테스는 고르기아스를 자기를 바라보는 모든 것들을 돌로 바꿔버리는 고르곤에 비유하고 있다.
67) 일반적으로 칭찬의 세 조건은 a)대상에 대해 참된 것을 이야기하는 것 b)말해진 것 중에서도 가장 훌륭한 것을 선택하는 것 c) 그 선택한 것을 적절하게 배열하여 이야기하는 것이라 할 수 있다. 그러나 우리는 여기에서 소크라테스가 b와 c는 a에 근거해 있을 때에만 가치를 지닐 수 있다고 생각함을 알 수 있다.
68) 소크라테스는 철학과 수사학의 근본적인 차이점을 이야기하고 있다.
69) 에우리피데스의 이 구절(히폴리토스. 612)은 후에 관용구가 되었는데, 그것은 '마지못해 선서는 했지만, 본래 마음은 그렇게 하고 싶지 않음'을 의미한다.
70) '아마도'로 번역된 그리스어 to eicos는 인식론적 관점에서 '참인 것'에 대비되어 쓰일 때는 '참 같은 것, 사실임직한 것'으로 번역될 수 있다.

그러나 여기에서는, 논리적 관점에서 '필연적인 것'에 대비되는 '가능적·개연적'인 것을 의미하므로 '아마도'로 번역하였다.
71) 디오티마는 B.C. 440년경에 아테네로 왔던 이방인으로서 역사적 실존 인물로 알려져 있다.
72) B.C. 430년에 창궐하였던 유명한 역병을 말한다. 페리클레스도 B.C. 429년에 이 역병으로 죽었다.
73) 추론적 지식은 프로네시스 phronesis에 대한 번역이다.
74) 정령은 그리스어 다이몬 daimon을 번역한 것이다.
75) 신통한 사람이란 다이몬이 들어간 사람을 지칭하는 것으로서 일반적 재주꾼과는 구별된다.
76) 포로스 Poros는 '길, 방법, 탐구, 모험'의 신이고, 그 신의 어머니인 메티스 Metis는 '숙고하다, 궁리하다'를 뜻하는 그리스어 동사 metio에서 파생한 여성 형용사이기 때문에, '지혜, 궁리, 신중함'의 여신을 의미한다.
77) 많은 주석가들이 성경에 나오는 예와 비교하여 제우스의 정원은 낙원, 포로스는 '아담,' 페니아는 '뱀'을 상징한다고 해석하고 있다.
78) 이 부분은 현대의 어떤 언어로 번역하여도 그 뉘앙스를 살리기 어려운 부분이다. 그 뉘앙스를 살리려면, 우리는 Penia가 '결핍'을, Poros가 '방책'을 의미하고, aporia는 자신이 얻고자 하는 것을 얻을 방법을 전혀 갖고 있지 못하는 '무책'을 의미한다는 어원을 고려할 필요가 있다. 즉 페니아는 포로스 신을 본 순간, 그로부터 방책 poros을 얻어내어 자신에게 평생 동안 따라 다니는 무책 aporia을 떼어낼 수 있다고 생각한 것이다.
79) 에로스의 이러한 모습은 『구름 Nephelai』이라는 작품 속에서, 아리스토파네스가 소크라테스와 그의 제자들의 모습을 묘사한 것과, 견유학파(예를 들어 디오게네스)가 철학자의 이상적 모습에 대해 묘사한 것과 일치한다.

80) 이와 유사한 정의들은 플라톤의 『리시스』 218ab와 『파이드로스』 278d 에도 나와 있다.
81) 행복 자체가 궁극적 목적이 되기 때문에, 행복의 목적이 무엇인가를 더 이상 물을 필요가 없다는 의미.
82) 그리스어 pietes는 창작자와 시인 모두를 의미한다.
83) 사랑하는 대상을 얻기 위해서는, 모든 수단과 방법을 다 동원해도 좋다고 생각하기 때문에, '간지(奸智)적'이란 형용사가 쓰이고 있다.
84) 소크라테스가 '당신이 말한 것이 옳을 수도 있겠습니다'라고 말한 것은, 그가 디오티마의 말에 전적으로 수긍하는 것은 아님을 암시하고 있다.
85) 일반적으로 모이라Moira는 신생아의 운명을 정해주는 세 여신(생명의 실을 잣는 여신 클로토 Clotho, 생명을 지속시켜주는 여신 라케시스 Lachesis, 죽음을 정해주는 여신 아트로포스Atropos)를, 에일레이투이아 Eileithuia는 출산을 도와주는 여신을 지칭한다. 플라톤은 여기에 미의 여신 칼로네Callone를 덧붙이고 있다. 그는 아름다움이야말로 만물의 생성과 소멸을 결정해주는 근원적 요인이라고 생각했기 때문이다.
86) 본문 206b~207a를 참조.
87) 전형적인 소피스트의 말투란, 묻고 대답하는 대화의 형식을 취하지 않고 자신의 견해만 일방적으로 강요하는 권위주의적 말투를 의미한다.
88) 알케스티스는 이올로스의 왕 펠리아스의 딸들 중에서도 가장 아름답고 효성이 지극한 딸이다. 페레스의 왕 아드메토스가 그녀와 결혼하기를 원하자, 펠리아스는 사자와 멧돼지가 이끄는 마차를 가져오는 자에게 딸을 주겠다고 선언한다. 아폴론의 도움으로 이 시험을 통과한 아드메토스는 그녀와 결혼하게 된다. 그러나 그는 신혼 첫날밤 신들에게 제물을 바치면서 아르테미스 여신에게 제물을 바치는 것을 잊었기 때문에 신방은 죽음의 전조인 뱀들로 가득 차게 된다. 아폴론은 운명의 여신으

로부터, 만약에 아드메토스 가족 중의 한 명이 그를 위해 대신 죽는다면 그의 목숨을 살려주겠다는 제안을 얻어낸다. 그러나 혈육 중에서는 아무도 그를 대신해 죽으려하지 않았고, 오직 알케스티스만이 남편을 위해 죽음을 선택한다. 사랑하는 사람을 위해 목숨을 바치는 경우의 상징이 된 알케스티스의 이야기는 많은 작가들 그 중에서도 특히 에우리피데스의 모델이 되었다(179b~d 참조).

89) 본문 179e 참조.

90) 도리아인들에게 내려진 신탁에 의해, 만약 자신이 죽지 않으면 코드로스는 아테네가 이기도록 하기 위하여 변장을 하고 낫도끼만으로 무장한 채 적의 방어 울타리를 넘어 스스로 전사하는 길을 선택하게 된다.

91) 리쿠르고스는 라케다이몬(스파르타)의 율법을 창시한 자로 플루타르코스의 영웅전 제1권의 주인공이다. 여기에서 그의 후손이란 라케다이몬의 율법을 의미한다.

92) 플라톤은 여기에서 철학적 깨달음의 단계를 설명하기 위하여 종교적 입문의 단계들을 원용하고 있다. 그리스인들은 일반적으로 종교 의식을 지칭할 때 mysterion과 teleute라는 보통 명사를 사용하였다. 그러나 대(大) 비밀 의식인 엘레우시스 의식을 지칭할 때는 특별히 Epopteia라는 고유 명사를, 그것의 예비 단계인 소(小) 비밀 의식인 아그라이 의식을 지칭할 때는 Myesis라는 고유 명사를 사용함으로써 입문 단계를 구별한다. '눈이나 입을 다물고 있다. …을 닫다'를 뜻하는 동사 myo에서 파생된 mysterion(신비로운 것, 비밀 종교 의식)은 감각적 눈을 닫아야 비로소 보이는 신비의 세계 즉 진리의 세계를 의미한다. 따라서 '그러한 세계에로 들어가는 것'을 뜻하는 동사 myeo에서 파생된 Myesis는 초보적 단계의 입문을 지칭하게 된다. 초보적 단계를 거친 후에만 도달할 수 있는 궁극적 단계의 입문이란, 사제가 보여주는 밀의 이삭을 보면서 '개체의

삶bios은 유한해도 그것을 영속시켜주는 종(種)의 삶zoe은 영원하다'는 우주의 진리를 깨닫게 되는 엘레우시스 의식에서의 최후의 경지처럼, 진리 옆에서epi 그것을 바라볼opteia 수 있는 직관Epopteia의 경지에 도달함을 의미한다.

93) 여기에서 평생 동안 전념해야 할 일epitedeuma이란, 직업을 의미하는 것이 아니고 자신의 인격 수양과 같이 평생 동안 관심을 쏟으며 성취해야 할 일을 의미한다.

94) 플라톤은 종교적 차원에서 이루어지는 이러한 궁극적 단계에서의 갑작스런 깨달음 즉 이데아에 대한 직관과 같이 이성적 추론의 궁극 단계에서 얻어지는 직관적 깨달음에 대한 상징적 비유로 활용하고 있다.

95) 천상의 생명체란 별들을 의미한다.

96) 화관을 고정시키기 위한 리본.

97) 알키비아데스가 함께 온 사람들 —— 술에 취해 왁자지껄하게 춤추고 노래하는 —— 은 디오니소스 의식에 참여한 신도들을 상징한다. 특히 화관을 쓴 알키비아데스는 그 당시 도시국가인 아테네에서 치러졌던 디오니소스 의식에서 디오니소스가 어떻게 치장되었는지를 짐작하게 해준다. 아테네의 관습에 따르면, 달리기 경기를 통해 '그해의 다이몬eniautos Daimon'으로 뽑힌 사람이 그 의식을 치르는 동안 디오니소스의 역할을 수행하는 것으로 여겨졌다.

98) 소크라테스가 희극 작가인 아리스토파네스 옆에는 앉지 않을 것이라는 말은 진리를 추구하는 철학자가 인간의 감정을 추구하는 희극 작가를 존중하지 않음을 비유하는 것이다.

99) 그리스의 음주 풍습에 따르면, 이미 취한 사람과 술을 마실 때는 그와 같은 정도로 취할 때까지 다시 마시는 것이 예의로 되어 있다.

100) 이때의 포도주 단지는 포도주 통에서 따른 포도주를 실온과 같게 만들

어 주기 위해 잠시 포도주를 담아 두는 단지를 의미한다. 적포도주의 경우에는 술의 온도가 실온과 같을 때, 가장 좋은 맛이 나기 때문에, 술을 잔에 따르기 전에 잠시 이 단지에 보관하는 것은 오늘날에도 지켜지는 관례이다.

101) 부피 단위로 1코틸레는 4분의 1리터이다.
102) 에스킬라포스의 아들인 마카이온에 대한 묘사에서 나온 표현이다. "전문가 한 명이 문외한 여러 명보다 낫다"는 사실을 지칭할 때 쓰인다.
103) 사티로스를 총칭하는 보통명사이자, 디오니소스를 양육한 사람을 지칭하는 고유명사이기도 하다. 디오니소스를 양육한 실레노스는 심오한 지혜를 지니고 있고, 들창코·두꺼운 입술·황소 눈을 가진 매우 못생긴 외모의 소유자인 것으로 전해진다. 이 때문에, 알키비아데스는 소크라테스를 실레노스와 가장 비슷한 사람이라고 주장하고 있다.
104) 반인반우인 마르시아스는 음악가이자 플루트와 오보에 연주곡의 창시자이다. 그는 아폴론과 누가 더 플루트를 잘 연주할 수 있는지 겨룬 시합에서 패배하였는데, 그 벌로 산채로 껍질이 벗겨지는 죽임을 당한 뒤 강물에 던져진 것으로 전해진다. 예술가로서의 완전성에 도달하려는 그의 도전 정신(신만큼 완벽하게 되려는 정신)과 그러한 모험가가 겪어야만 하는 예외적 고통의 상징은 많은 그리스 도예 작품의 주제가 되었다.
105) 유명한 플루트 연주자인 올림포스는 마르시아스의 아버지라고 이야기하는 전설도 있으나 마르시아스의 아들 및 제자로 더 잘 알려져 있다. 마르시아스가 아폴론에 의해 죽임을 당했을 때, 올림포스는 그의 무덤을 만들어주고 통곡한 것으로 전해진다.
106) 그리스어에서 산문식으로 말한다는 것은 멜로디에 따라 말하는 시나 노래와 달리, 멜로디와 상관없이 단순한 억양으로 말하는 것을 의미한다.

107) 코리반테스는 원래 소아시아 지방에서 레아-키벨레 여신을 모시는 정령들을 일컫는다. 그러나 그 여신을 위한 의식에 참여한 신도들도 같은 이름으로 불려진다. 그들이 신들린 상태에 빠졌을 때 보여주는 특징으로는 요정의 플루트 연주 듣기, 미래를 내다보기, 최면 상태에서의 꿈, 춤추는 동작 등이 있다.
108) 신들려서 자신의 의지와 상관없이 움직이게 되는 상태.
109) 몸의 반은 새이고 반은 여자인 바다의 정령들. 그녀들의 음악 소리는 너무나 아름다워(한 명은 리라를 켜고, 한 명은 플루트를 불고, 한 명은 노래를 부른다) 지나가는 배들을 좌초시키는 것으로 유명하다. 이 구절은 오디세우스가 세이렌들이 있는 해협을 지날 때 부하들의 귀를 막도록 지시한 것을 인용하고 있는 것이다.
110) 사티로스는 자연의 정령으로서 디오니소스 의식의 행렬에 참가하는 것으로 유명하다. 일반적으로 그리스인들은 이들을 반인반수 — 하반신이 말인 것도 있고 염소인 것도 있다 — 로 표현하였다. 이들이 지닌 공통점은 길고 커다란 꼬리와 항상 발기된 상태의 성기이다. 이러한 동물적 특성은 물론 자연의 다산성·생식력을 상징한다.
111) 그리스 조각상은 본래 열고 닫을 수 있게 되어 있고, 그 안에는 신상이 들어 있는 것으로 전해진다. 그러나 여닫는 방식에 대한 정확한 기록은 없다. 단지 후세인들이 수직으로 반이 열리거나(커다란 조각상의 경우), 러시아 인형처럼 수평으로(작은 조각상의 경우) 열고 닫았을 것으로 추측할 뿐이다.
112) 소크라테스가 자신에게 무심한 이유가 무엇인지를 알아야겠다는 의미이다.
113) 알키비아데스는 여기에서 '술 속에 진리가 들어 있다'는 속담과 '어린이가 있든 없든'이라는 속담을 중첩시켜 사용하고 있다. 이때의 어린이

는 시동을 가리킨다. 따라서 알키비아데스가 새로 구성한 속담은 '술이 취하면 어느 누구 앞에서도 가리지 않고 심지어 시동 앞에서조차도 자신의 생각을 솔직하게 털어놓는다'는 상태를 표현한다고 볼 수 있다.

114) '귀에 커다란 문들을 갖다 대라'는 표현은 오르페우스 비밀 의식과 관련한 입문의 법칙을 나타내는 문구이다. 진리란 입문한 자의 귀에만 들리는 것이기 때문에, 속인들이 그 진리를 들을 수 있기 위해서는 귓바퀴(문)를 크게 쫑긋 세우고 들으려는 노력을 기울여야 간신히 들릴 것이라는 생각을 비유적으로 표현하는 것이다.

115) '이 낡은 옷tribon'은 소크라테스 이래로 철학자의 상징이 되었고, 후에 키니코스 학파의 철학자들이 즐겨 입는 옷이 되었다. 진리 추구만이 중요한 것이고 겉옷은 아무래도 좋다는 생각에서 많은 현자들은 낡은 옷을 일상복으로 입고 다녔다.

116) 알키비아데스가 자신의 젊음이 타락하지 않았음을 술 마시는 사람들의 법정에서 밝히기 위하여 소크라테스에게 소송을 걸었기 때문에, 향연에 참석한 사람들 모두가 재판관이 됨을 비유한다.

117) 아이아스의 방패는 7겹의 소가죽으로 만들어져 있어, 어떤 창으로도 뚫리지 않았다고 전해진다(소포클레스, 『아이아스』 5~6 참조).

118) 젊은이의 아름다움을 사랑하는 점을 지칭한다.

119) 포테이다이아(칼키스의 서쪽 지역에 있는 국가)는 아테네 국가의 종주권을 위협하였으나, 3년 간의 극심한 전투 후에 B. C. 430~429년에 항복하게 된다.

120) 오늘날로 치면 같은 부대의 같은 소대원이었음을 의미한다.

121) 호메로스, 『오디세우스』의 4권 242행에 나오는 시 구절을 플라톤이 약간 변형시킨 것이다.

122) 태양에 감사 기도를 드린다는 것은 태양의 신 포에부스(빛을 가져오는

자, 밝혀주는 자)가 정신적 깨달음을 가져다준 것에 대해 감사드림을 상징한다. 이 같은 이유에서 소크라테스는 아폴론을 자신의 수호신으로 삼았다.
123) 아리스토파에스, 『구름들』 362 참조.
124) 펠레폰네소스 전쟁 시 이름을 떨쳤던 스파르타의 장군.
125) 늙은 뒤에도 강한 정신력과 튼튼한 신체를 유지한 것으로 유명한 필로스의 왕. 그는 자신이 젊었을 때 경험한 전쟁 무용담, 스포츠 등을 장황하게 늘어놓기를 매우 좋아하였다.
126) 트로이 전쟁 시 헬레네를 그리스군으로 되돌려 보내야 한다고 조언을 한 것으로 유명한, 트로이군에서 가장 나이가 많고 성품이 곧았던 조언가.
127) 술에 취해서 논리 정연하게 이야기하지 못할 것임은 이미 처음부터 예고되었었다(215a).
128) 플라톤은 다음과 같은 근거에서 항상 희극 작가와 비극 작가를 철학자에 대비시켰다. 즉 작가들의 작품이 철학적이려면, 그것은 영혼의 실재에 대한 인식에 기초해 있어야 한다. 그런데 그러한 인식은 서로 대립된 것을 모두 포괄하고 있다. 따라서 동일한 사람이 인간의 영혼을 그 위대함과 고상함 속에서(비극의 경우) 표현할 수 있을 뿐만 아니라, 그 왜소함과 어리석음(희극의 경우) 속에서도 표현할 수 있게 된다. 그러므로 철학은 희극 작가와 비극 작가로 하여금, 실재의 문제에 있어 그들은 지배하는 앎 즉 철학이 없이는 어떠한 작품도 쓸 수 없다는 사실을 인정하도록 만들고 있다.
129) 리키아의 아폴론에게 헌정된 아테네의 동쪽 일리소스 끝에 위치한 체육관. 소크라테스는 이곳을 자주 들렀던 것으로 전해진다.

옮긴이 해설

철학적 사유의 문화적 조건

1. 플라톤의 사랑론

저작 연대를 B.C. 385년 이후일 것으로 대부분의 학자들이 추측하는 본 작품 『향연』은 플라톤의 35편의 대화록 중, 플라톤이 스승 소크라테스의 영향에서 서서히 벗어나 자신의 독특한 사상을 펼치기 시작하는 원숙기에 남긴 작품이다. 정신적으로 피폐한 당시의 아테네 사회를 구제하고자 노력하였던 플라톤은 이 작품 속에서 그의 형이상학적 이론인 이데아idea론에 대해 새로운 해석과 진리 인식, 현실 개혁 정신의 근원이 되는 사랑eros의 철학적 의미에 대한 자신의 독특한 견해를 피력하고 있다. 본 작품은 '인간이 어떻게 살아야 되는가'라는 삶의 방식을 탐구함에 있어, '완전한 것·이상적인 것에로 상승하려는 인간 영혼의 기본적 욕구'를 사랑이라 규정하고, 그러한 사랑이 인간의 삶에서 가장 가치 있는 것에 대한 인식과 그 인식을 통해 얻어진 진리를 구체적 행위의 차원에서 실천으로 옮기려는 끊임없는 노력 epitedeuma의 원동력이 됨을 밝히고 있다. 따라서 본 작품은 한편으로 삶을 다룬다는 점에서, 죽음의 문제를 다루고 있는 『파이돈』과 한 쌍을 이루며, 다른 한편으로 불멸성의 문제를 다룬다는 점에서 『파이드로스』와 한 쌍을 이루게 된다.

2. 『향연』에 대한 진정한 글 읽기

그러나 완전한 것에로 상승하려는 인간 영혼의 기본적 욕구로서의 사랑에 대한 그의 이론은, 철학적 관점에서 어떠한 의미를 지니는 것인가? 일반적으로 우리는 이성·의미·동일성을 중시하는 합리주의적 특성을 지닌 서양 철학의 기원을 그리스 철학 속에서 찾는다. 이러한 사실을 염두에 두면, 우리는 합리주의적 철학의 시조라 할 수 있는 플라톤이 어떠한 이유에서 가장 비합리적이고, 가치론적 측면에서 다른 덕목에 비해 별 의미가 없어 보이는 사랑이라는 감정에 대해 그렇게 진지한 탐구를 하였는지 의아해하게 된다. 그러한 의

문은 우리가 현실 세계를 이데아의 세계를 기준으로 개혁하려는 그의 철학 정신과 더불어 그의 철학적 사유의 방법론을 살펴볼 때에만 풀리게 된다. 사실 방법론적 관점에서 볼 때, 플라톤 사유의 가장 고유한 특성은 평면적 차원의 이분법적 사유를 뛰어넘어 입체적 차원에서의 통합적 사유를 한다는 점이다. 그런데 이분법적 사유는 음과 양, 선과 악, 가진 자와 못 가진 자의 구분과 같은 예에서 볼 수 있듯이, 동일한 차원에 속한 대상들 간의 평면적 관계 맺음co-ordinaire만을 고려하기 때문에 항상 그 두 대상의 대립된 관계만을 생각하게 된다. 반면에 입체적 사유는 종적(種的) 차원에 있는 두 대상을 한 단계 더 높은 유적(類的) 차원에 있는 제3의 것에 종속시키는 입체적 관계 맺음sub-ordinaire을 통해, 그 두 대상의 관계 자체뿐만 아니라 그 둘을 포괄하는 전체와의 관계도 함께 고려하는 공관적 사유를 하게 된다.

바로 이러한 입체적 사유의 구조 자체를 염두에 두어야만, 우리는 사랑의 관습이나 음주의 관습과 같이 전통 철학에서 비철학적이라고 제외시키는 주제에 관한 플라톤의 철학적 탐구를 이해하게 된다. 사실 플라톤의 사랑에 관한 철학적 성찰은 사랑이라는 경험 속에 들어 있는 대립되는 두 부분, 즉 이성logos과 감성pathos ─『파이드로스』에서 이것들은 각각 흰 말과 검은 말로 비유된다 — 을 조화시켜 진리에 대한 인식과 실천의 동인(動因)으로 만들려는 뚜렷한 목표에 그 시선이 맞춰져 있다. 사랑에 대한 이러한 규정 속에서, 우리는 그가 비합리적 요소를 철학적 대상의 영역에서 무조건 배제시켜버리는 계산적 합리주의자가 아니라, 그 비합리적·본능적 에너지마저도 가치 탐구 및 실천의 동인으로 활용하는 명상적 합리주의자임을 발견하게 된다.

플라톤의 철학적 사유가 지닌 이러한 성향은 음주 및 가무 그리고 여러 다양한 놀이들로 이루어지는 그 당시의 향연에 대한 평가 속에서도 분명하게 나타난다. 사실 그 당시의 크레타인과 스파르타인들은 놀이 문화가 갖고 있는 단점만을 보는 평면적 사고로 아테네인들이 즐겼던 향연이라는 관습 자체에 대하여 비난과 멸시를 아끼지 않았다. 반면에 플라톤은 그러한 관습이 지니고 있는 장단점을 모두 바라보고 있었기 때문에, 잘못 처리지는 향연에 대해서는 비난하였지만 그렇지 않은 향연은 오히려 적극적으로 권장하였다. 그러한 이유에서, 그는 교양이 부족하여 자신들만의 대화를 나눌 능력이 없기 때문에 돈을 들여 플루트 연주자나 무희들의 공연에만 탐닉하는 사람들을 누구보다도 강력하게 경멸하면서도 (『프로타고라스』 347c~348a), 다른 한편으로 이러한 향연을 덕성 교육의 기회로 활용할 수 있는 방법에 대해 항상 이야기하고 있다.

플라톤이 『법률』에서 인형의 예를 들어 음주를 덕성 함양의 한 수단으로 간주하는 이유도 같은 문맥에서 설명되어질 수 있다. 그의 비유에 따르면 우리 인간은 감정이라는 뻣뻣한 철사와 이성이라는 유연한 금줄에 의해 움직이는, 신에 의해 만들어진 인형과 같다. 만약에 이 인형에 엄청난 양의 술이 부어질 경우, 그 속에 있는 줄들은 뒤엉키고 인형은 더 이상 움직이지 못하게 된다. 마찬가지로, 인간도 술을 과도하게 마시면 감정의 줄은 지나치게 활동적이 되고 이성의 줄은 마비되어 자제력을 잃게 된다. 반면에 적당한 양의 술은 인간의 영혼에 자신감과 젊음의 신선함·부드러움·온순함을 불어넣어, 그 영혼을 이성의 가르침을 받아들이기에 적합한 상태로 만들어준다. 사실 적당한 음주는 우리의 영혼을 유연하게 만들어서 우리가 순전히 이성적으로만 사유할 때에는 전혀 생각해내지 못하는 여러 다른 대상들도 사유할 수 있도록 만들어준다. 뿐만 아니라, 술 한 잔 한 잔을 마실 때마다 적도를 넘지 않기 위해 감정을 절제하는 연습 melete은 감정에 대한 이성의 통제를 필요로 하는 모든 다른 덕목의 함양에 기초가 된다. 여기에서 우리는 왜 플라톤이 음주를 일종의 철학적 사유의 훈련으로 간주하였는지를 이해하게 된다.

플라톤의 대화편 『향연』은 이미 한국어로 17종의 번역이 나와 있다. 그럼에도 불구하고 역자가 다시 향연을 번역하려는 이유는, 일차적으로 일어·영어·독일어·프랑스어 본에서 중역된 기존의 번역들이 지닌 오역을 정정하기 위함이다. 그리고 이차적으로는 독자들이 본 작품을 인류 문화 속에서 최초로 학문과 정치를 잉태시켰던 기원전 5세기경의 그리스 사회의 문화적 조건 내지 분위기와 연관지어 읽어낼 수 있도록 하려는 데에 있다.

물론 특정 사회의 고유한 문화와 역사 속에서 형성되어온 가치 체계와 개념틀 속에서 만들어진 특정 단어와 개념을 전혀 다른 나라와 문화의 언어로 완벽하게 그 의미를 옮긴다는 것은, 일찍이 콰인 Quine이 말했듯이, 불가능하다. 하물며 그 문법 구조와 어미 변화의 복잡성 때문에 '악마의 언어'란 별명을 지닌 그리스어를, 그것도 2,500년 전에 쓰여졌던 언어를 오늘날의 한국어로 완벽하게 살리는 작업의 어려움은 말해서 무엇하랴? 그럼에도 불구하고, 역자는 본 작품이 역사적으로 모든 문화권에서 공통적으로 다루었던 문제인 '인간은 어떻게 살아야 하는가?'란 문제에 대해 탐구하고 있기 때문에, 본 번역이 비록 콰인이 말하는 의미에서의 완전한 번역에 이르지는 못하더라도, 적어도 그리스인과 한국인 사이에 놓인 2,500년의 시차를 넘어 철학적 문제에 대해 함께 사유하는 통시적 의사소통의 장을 펼쳐주는 역할은 충분히 할 수 있을 것으로 본다. 이러한 생각의 근저에는, 만약에 독자가 자신의 가치 및 개념 체계에만 갇혀 있는 폐쇄적 글 읽기가 아니라 다른 문화의 가치 및 개념 체계도 이해하려고 노력하는 개방적 글 읽기의 태도를 지니고만 있다면 가능하리라는 역자의 기본 신념이 깔려 있다. 따라서 본 작품에 대한 글 읽기의 성공 여부는 독자에게 달려 있다. 자기의 것과는 다른 이질적인 것에 부딪히게 되었을때 그것을 배척하는 것이 아니라, 오히려 그 점을 신기하게 여기고 그러한 미지의 것을 찾아 떠나는 상상의 여행 속에서 얼마나 열심히 새로운 것을 배우고, 이를 토대로 존재론적 환골탈태metamorphosis를 하려는 독자의 노력 여하에 달려 있다.

물론 이러한 개념 내지 상상의 여행은, 기존의 강단 철학에 의해 고정화된 추상적·이론적 설명의 틀을 통해, 이런 이론은 옳고 저런 이론은 틀렸다고 단정지어버리고 그러한 단정의 근거 자체에 대한 탐구는 하지 않는 태도를 버릴 때에만 가능하게 된다. 2,500년의 시차를 뛰어넘어 오늘날에도 플라톤의 대화록이 철학적 사유의 방법을 터득하는 데 있어 가장 효율적인 교과서로 간주되고 있는 것도, 바로 그의 철학적 대화들이 우리로 하여금 모든 사람들이 걸어 왔던 사유의 고정된 길을 버리고 아직 아무도 걸어 들어간 적이 없는 사유의 숲 속에서 자신만의 길을 개척하는 진정한 철학적 사유의 방법을 가르쳐주기 때문이다. 그러한 사유로 다져진 자기만의 길을 따라 『향연』의 숲 속에 들어갔을 때, 독자가 자기의 능력에 따라 발견해낼 수 있는 나무들은 무수히 많다. 그 수많은 나무들 중에서도 모든 사람들이 공통적으로 쉽게 찾아낼 수 있는 가장 훌륭한 나무는, '인간은 어떻게 살아야 되는가' 하는 삶의 방식 modus vivendi이라는 열매를 맺는 나무일 것이다.

그러한 나무를 발견하거나, 그 나무를 자신의 숲에 옮겨 심기 위해 뽑아오는 행위는 얼핏 보면 갖은 고난과 위험을 뚫고, 보물을 지키는 괴물을 죽이고 그 보물 — 그것이 불로초이든 천도이든 황금양털이든 간에 상관없이 — 을 갖고 귀향하는 수많은 전설과 신화 속에 나오는 영웅들의 업적처럼 위대해 보일 수도 있다. 그러나 진정으로 위대하고 중요한 일은 단순히 그 나무를 발견했다거나 그 나무를 뽑아와서 우리의 숲에 옮겨 심는 것이 아니라, 우리의 숲에서 우리의 토종에 맞는 나무로 새롭게 길러주는 작업이다. 즉 '그리스인들은 이러이러한 방식으로 삶을 살았다'라는 석화(石化)된 이야기만 앵무새처럼 반복하는 것이 아니라, 현대의 우리에게 가치 있는 삶은 어떤 것이어야 하는지 그 원형을 찾아내고 그것을 구체적 삶 속에서 실천하는 작업만이 철학적 중요성을 지니게 되는 것이다. 그런데 그러한 작업은 그리스 숲과 우리 숲의 토양의 조건, 즉 그들 문화와 우리 문화를 이루고 있는 조건들에 대한 깊은 이해와 반성 그리고 새로운 문화 창조의 작업이 밑받침될 때에만 가능하게 된다.

지금까지 우리는 한국 문화야말로 다른 어떤 민족의 문화 특히 서양인들의 문화보다도 정신 세계의 가치를 중시하는 문화라고 자부해왔다. 그러나 오늘날에도 과연 우리의 문화가 그러한 칭찬을 받을 자격이 있는지는 진지하게 되돌아볼 필요가 있다. '인간다운 삶에 대한 탐구'라는 열매를 맺는 전통적 나무가 물신주의(物神主義)라는 병으로 오염된 이 땅에서 오늘날에도 여전히 살아 있는지 여부는 독자들 자신의 판단에 맡기고, 본 역자는 그리스 숲의 경우 그러한 나무를 배양할 때 자양분이 되었던 여러 요소들 중에서 가장 결정적 역할을 담당했던 '향연' 문화에 대해 간략하게 소개하고자 한다.

3. 철학적 대화의 장, 향연

'함께sym 먹고 마신다posium'는 의미를 지닌 향연sym-posium은 본래 그 기원을 종교 의식 속에 두고 있다. 사실 고대인들은 절기마다 치러지는 수많은 종교 의식에서 초자연적 존재와 교통하는 성스러운 시간이 끝나면, 제사 음식을 서로 나눠 먹으면서 즐기는 일종의 세속적 잔치 문화를 발달시켰다. 물론 이러한 잔치 문화의 발달은 모든 문화권에서 공통적으로 나타나는 현상이다. 그러나 그것을 단순히 음식을 먹고 술을 마시며 가무를 즐기는 등 생리적·감정적 쾌락을 발산시키는 장으로 끝냈던 다른 문화권의 사람들과는 달리, 그리스인들은 그 속에서 이야기 문화를 꽃피움으로써 가치 있는 것을 탐구하는 정신적·이성적 즐거움을 누릴 수 있는 향연이라는 독특한 놀이 마당으로 승화시켰다. 많은 학자들은 그러한 조건으로서 모든 사람이 동등하게 의사를 발표할 수 있었던 민주주의라는 정치 문화, 명제의 형태로 진술된 어떠한 판단도 그것이 참임이 증명되고 타인에 의해 인정받을 때에만 진리로서 받아들여지는 광장agora 문화[1], 종교 의식을 통해 깨달음의 기회를 유난히 많이 가질 수 있었던 종교적 분위기들을 열거한다. 그러나 필자는 여기에서 종교적 조건에 대해서만 간략히 소개하고자 한다.

고대 그리스 사회의 종교적 분위기를 이해하는 것은 그 당시의 일반적인 향연 문화뿐만 아니라, 본 작품을 이해하는 데에도 필수적이다. 더군다나 본 작품 속에서 묘사되고 있는 향연이, 그 당시 대표적 종교 의식의 하나였던 디오니소스 의식의 일환으로 치러진 비극 경연 대회에서 우승한 아가톤의 집에서 일어나고 있기 때문에 더욱 그렇다. 종교 문화가 그리스인들의 철학적 사유 형성에 얼마나 깊은 영향을 끼쳤는지는 우선 종교 의식을 지칭하는 여러 용어들이 표현하고 있는 다양한 의미만 살펴보아도 쉽게 알 수 있다. 그리스인들은 Thesmos, Myesis, Telete, Eleusis, Epopteia 등과 같이 각각 그 뉘앙스가 다른 여러 용어들을 의식이란 의미로 사용하였다. Thesmos는 절기가 되었기 때문에 관습상 치른다는

---

1) 그리스인들은 모든 공적 행사를 광장에서 가졌다. 그런데 광장은 정치적 제도를 입법함에 있어서 모든 사람들의 의견이 수렴되는 정치적 공간, 전쟁이 끝난 후 논공행상(論功行賞)을 가려내는 군사적 공간, 원고와 피고 중에 누가 옳은지 그 진상을 밝히는 법률적 공간 모두를 의미한다. 그러나 이 모든 공간을 감싸는 철학적 공간이야말로, 한 개인의 의견 doxa이 간주관적(間主觀的) 공간의 차원에서 객관적으로 타당한 것인지 검증을 거쳐서만 진리 aletheia로 확정될 수 있도록 해주는 공간이란 의미에서 가장 중요하다.

의미를, Myesis는 육안을 닫고 myo 마음의 눈으로 볼 때 비로소 열리는 신비스러운 세계 mysterium 안으로 들어가게 해주는 의식이라는 이미지를, Telete는 인간이 도달해야 할 목표 telos에 안내해준다는 뜻을, Eleusis는 훌륭한 자만이 도달할 수 있는 지복의 땅 Elyseion에 도달하게 해준다는 의미를, Epopteia는 진리를 옆에서 epi 직접 목도 opteia하게 해준다는 뜻을 담고 있다. 이처럼 그들은 종교 의식이라는 용어 자체를, 인간다운 인간이면 누구나 반드시 들어가봐야 하는 깨달음의 세계로 입문하기 위해, 더 나아가 새로운 자신으로 환골탈태 metamorphosis하기 위해 치러야 하는 통과 의례라는 의미로서 사용하고 있다. 여기에서 우리는, 이미 고대 그리스인들이 세속적인 가치와는 거리가 먼 정신적 가치를 존중하고 탐구하며, 더 나아가 그것을 실천하고자 노력하는 문화적 분위기 속에 살고 있었음을 추리해낼 수 있다.

고대 그리스인들의 종교 문화적 분위기는 실제로 치러졌던 종교 의식을 살펴보면 더욱 선명하게 드러난다. 그들은 평균 한 달에 3~4번 정도의 크고 작은 종교 의식을 치렀다. 해리슨에 따르면 그들의 종교 의식은, 크게 두 종류 — 지하의 다이몬들에게 제사를 올리는 의식 Catachtonios ritual과 천상의 신들에게 제사를 올리는 의식 Ouranian, Olympian ritual—로 구분된다. 전자는 구·신석기 시대의 전통을 이어받은 것으로서, 항상 음울하고 무서운 분위기 속에서 밤에 치러지는 야간 의식pannyxia이고, 후자는 청동기·철기 시대의 전통을 이어받은 것으로서, 엄숙하지만 명랑하고 밝은 분위기에서 낮에 치러지는 주간 의식panegyris이다. 본 작품 속의 디오니소스 신화는, 죽었다가 이듬해에 다시 부활하는 곡물의 운명을 통해 자연의 법칙을 투사하고 있는 농경 신화에 속한다. 물론 이러한 종류의 신화는 그리스를 포함한 모든 문화권에 공통적으로 나타나고, 그 원형이 메소포타미아의 인안나-둠무지 신화임은 잘 알려진 사실이다.

그러나 이러한 자연 신화를 모티프로 한 의식을 치르는 동안에 그리스인들은 자신들만의 고유한 특성을 발휘하게 된다. 사실 그들이 의식을 치루는 목적은, 왕권의 정당성을 과시하기 위한 메소포타미아 사람이나 이집트인들과는 달리, 철학적 깨달음을 얻기 위함이었다. 그들은 이 의식에 참여하면서, 단순히 기존의 질서에서 잠시 해방되는 즐거움만을 추구하지 않고 현실계와는 다른 세계로 들어갔다가 다시 돌아오는 경험을 통하여, 정신적인 차원에서의 재탄생을 경험할 수 있었다. 이와 같은 종류의 의식들이, 연출의 프로그램 속에 항상 모든 것들의 구별이 사라지는 어둠·태초의 카오스·죽음의 단계를 설정해놓고 있는 것도 바로 이러한 이유에서이다. 사실 그러한 설정은 이방인 혹은 순전히 이성적으로만 사유하는 사람에게는 무질서와 방종을 권장하는 지극히 비합리적인 과정으로 보이겠지만, 그리스인들에게는 한 생명체가 죽고, 새로운 질서는 기존 질서가 해체된 혼돈의 상태를 거쳐야만 비로소 확립될 수 있다는 진리를 깨닫게 해주는 초이성적 과정으로 여겨졌다. 바로 이러한 극적인 반전 즉 의례적 죽음의 연출을 통해 유한자의 근본적인 슬픔을 맛본 뒤 새로운 존재로 다시 태어나는 기쁨을 누리면서 그리스인들은 인간의 삶 속에서 찾을 수 있는 여러 종류의 진리를 철학적으로 성찰해보는 기회를 가질 수 있었다. 이 같은 사실에서, 우리는 그리스의 종교 의식 후에 치러졌던 향연장의 분위기가 어떻게 철학적 대화를 나눌 수 있는 수준으로 이어질 수 있었는지 알 수 있다.

그리스인들의 이러한 문화적 조건을 학문과 정치 발생의 배경에 연관지어 보면, 독자는 본 작품의 등장인물들이 나누는 대화를 쉽게 이해할 수 있을 뿐만 아니라, 더 나아가 현재 우리나라의 문화적 분위기를 쇄신시킬 수 있을 방법에 대한 안목도 가질 수 있게 된다. 중요한 것은 향연이 일어나는 장소의 종류(신전의 공동 식탁이든 가정집의 개인 식탁이든)나

크기가 아니라, 그 모임에서 행해졌던 내용 그 자체라고 할 수 있다. 오늘날 우리는 생활 속에서 자연스럽게 가질 수 있는 일상적 모임들—종교적 모임이나 가족 모임, 직장 동료 모임, 동창회, 동호인 모임, 학술 및 정치적 모임 등—과 기술 문명의 발달로 가능해진 가상 공간에서의 모임들—인터넷 동호회, 컴퓨터 대화방, 화상 회의 등—을 어느 나라 사람 못지않게 많이 갖고 있다. 그러나 그러한 모임들 속에서 나누는 대화의 내용들은 단순히 세속적 즐거움이나 일상사들과 연관된 것들뿐이기 때문에, 우리는 그 대화의 내용들을 한층 더 높은 수준으로 끌어올려야 한다. 즉 우리는 오늘날의 사정에 맞는 범위 안에서, 그러한 수많은 작은 광장들을 철학적 대화와 토론을 나누는 지적 공간 또는 사이버 공간으로 전환시키려고 끊임없이 노력해야 한다. 그러한 노력은 빈번한 종교적 모임(법회, 미사, 예배 등)을 개인의 행복만을 기원하는 자리가 아니라 삶의 의미를 생각하고 가치 있는 삶을 살기 위한 명상과 실천의 공간으로, 가족이나 직장, 동창 모임을 사회의 현안들을 해결하기 위한 정치·경제·사회적 토론을 나누는 심포지엄의 공간으로, 익명성이 가져오는 허위 의식 속에서 허구적 대화만을 나누기 쉬운 컴퓨터 대화방을 대화자 서로의 의식을 끊임없이 더 높은 단계로 변

증법적으로 이끌어주는, 플라톤적 의미의 진정한 대화를 나누는 사이버 공간으로 바꾸어주는 작업을 통해 이루어질 수 있다. 정답게 담소를 나누는 우리의 전통적 사랑방의 분위기를 철학적 담론이 꽃피는 이야기판으로 되살려낼 수만 있다면, 프랑스의 철학 카페와 살롱 문화를 부러워할 필요가 어디 있겠는가? 그러한 이야기판들이 형성되었을 때 비로소 철학적 사유가 일반인 사이에서 보편화될 수 있고, 더 나아가 일반인들의 축적된 사유를 바탕으로 삶의 현장에서 발생하는 모든 종류의 문제들을 해결해보려는, 새로운 철학적 사유의 싹이 움틀 것이다. 그러한 싹을 움트게 하고 꽃피우는 일은 우리 젊은이들의 몫이다.

본 작품은 부정적(否定的) 이성으로 사물을 비판하는 능력이 싹트는 정신적인 제2의 탄생기에 도달한 청년들에게, 인생을 어떻게 살아야 하고 삶의 원동력이 되는 진정한 의미의 사랑 — 남녀간의 사랑, 진리와 국가에 대한 사랑 등을 모두 포함하는 넓은 의미의 사랑 — 은 어떻게 해야 하는지, 그 방법에 대한 기본적인 고찰을 제시하고 있기 때문에, 철학적 사유의 싹을 키우는 훈련에 특히 유익한 작품이다. 본 작품이 유럽의 많은 나라에서 고등학생들의 필독서로 추천되는 이유도 바로 여기에 있다.

4. 작품의 줄거리

본 대화편은 아폴로도로스가 아리스토데모스로부터, 아가톤의 집에서 열렸던 향연에서 소크라테스를 비롯한 여러 현인들이 사랑에 관하여 나누었던 대화를 전해 듣고, 그 이야기를 자신의 친구인 글라우콘에게 들려주는 독특한 형식의 대화체로 이루어져 있다.

1) 서론(172a~178a): 아리스토데모스는 길거리에서 우연히 만난 소크라테스의 권유로 아가톤이 비극 경연 대회에서 우승한 것을 축하하기 위해 베푸는 축하연에 동행한다. 연회석상에서 파우사니아스는 축하객들이 전날 이미 술을 많이 마셨기 때문에, 일상적인 방식과 다른 회식을 즐기자고 제안한다. 이에 에릭시마코스가 음식과 가무단을 물리고, 참석자들이 배석한 차례대로 사랑의 신 에로스에 대한 찬사를 늘어놓으면서 즐길 것을 권한다. 참석자들 모두가 이 방법에 찬성하고, 순서에 따라 파이드로스부터 이야기를 시작한다.

2) 파이드로스의 이야기(178a~180b): 파이드로스는 에로스를 신들 중에서 최고 연장자이고, 모든 덕목과 우월함 근원이라고 찬양한다.

3) 파우사니아스의 이야기(180c~185c): 파우사니아스는 사랑의 신에도 두 종류가 있음을 이야기하고, 천상적 사랑과 지상적 사랑의 특성에 대하여 설명한다.

4) 아리스토파네스의 딸국질(185c~e): 아리스토파네스의 차례가 되었으나 딸꾹질이 멈추지 않자, 의사인 에릭시마코스가 그를 대신한다.

5) 에릭시마코스의 이야기(185e~188e): 의사인 에릭시마코스는 사랑을 두 종류로 나눈 파우사니아스의 견해가 옳다고 이야기한다. 그러나 그 두 종류의 사랑은 인간에게만 적용되는 것이 아니고 존재하는 모든 것들에 적용된다고 이야기한다. 가령 의술은 전적으로 사랑의 신의 영역에 속한다. 왜냐하면, 의술의 기능은 신체 안에 들어 있는 대립적 요소들을 사랑과 조화 속에 결합시키기 때문이다. 이러한 사정은 농경술, 음악 등 모든 분야에 동일하게 적용된다. 따라서 좋은 에로스는 자제력과 조화로움을 생산해내기 때문에 나쁜 에로스보다 더 훌륭하다.

6) 아리스토파네스의 이야기(189a~193d): 에릭시마코스의 처방으로 딸꾹질이 멎은 아리스토파네스가 차례를 넘겨받아 이야기한다. 그는 에로스의 참다운 능력을 이해하기 위해서는 인류의 본성과 역사를 먼저 알아야 한다고 말한다.

엠페도클레스에 의해 영감을 받은 신화에 따르면, 현재의 인간들은 본래의 인간들 — 네 개의 손과 네 개의 다리, 두 개의 얼굴, 두 개의 성(동성 또는 이성)을 지닌 공 모양의 인간 — 이 반으로 나뉘어 생긴 반편(半片)들이다. 따라서 사랑이란 본능은 우리들 본래의 상태로 되돌아가기 위한 노력이라 할 수 있다. 그런데 이러한 본능은 육체적인 결합보다는 정신적인 차원에서 자신의 진정한 반쪽과 결합하기 위한 노력으로 구현될 때, 보다 더 훌륭한 결과를 낳는다.

7) 소크라테스와 아가톤의 대화 (1)(194a~e): 이야기할 사람이 소크라테스와 아가톤만으로 좁혀졌다. 이때, 소크라테스가 극장에서 훌륭하게 자신의 작품을 설명하던 아가톤의 달변에 비해 자신의 이야기가 형편없을지 모른다는 불안감을 나타내며 이야기하기를 꺼린다. 아가톤은 '그가 만약에 부끄러운 짓을 저질렀다면, 우매한 대중 앞에서보다 소수의 현자들 앞에서 더 수치심을 느끼게 되지 않겠느냐'고 응수하며 그를 질문과 대답 형식의 토론으로 끌어들이려 한다. 이에 파이드로스가 끼어들어 토론은 뒤에 하고 우선 에로스에 대한 각자의 이야기를 먼저 하는 것이 좋겠다고 중재함으로써, 아가톤이 먼저 이야기를 하게 된다.

8) 아가톤의 이야기(194e~197e): 아가톤은 에로스의 권

능과 우리가 그에게 얼마나 신세를 지고 있는지를 알기 위해, 우선 에로스의 본성을 정리하고 그 다음에 그의 덕목이 무엇인지를 규정하자고 한다. 그에 따르면, 신들 중에서 가장 젊고 가장 미묘한 사랑의 신은 모든 시와 학문의 기원이 된다. 이는 에로스가 가장 늙은 신이라는 파이드로스의 견해와 상반된다. 그 이유는 헤시오도스가 이야기하듯이 에로스가 처음부터 있었다면 신들 사이의 싸움이나 폭력은 처음부터 일어나지도 않았을 것이기 때문이다. 그런데 에로스는 모든 존재자들의 가장 부드러운 부분에 자유자재로 출입할 수 있다. 게다가 그는 아름다움 외에도 모든 탁월성을 소유하고 있다. 예를 들어 그는 올바르다. 왜냐하면 모든 사람이 기꺼이 사랑에 봉사하는데 그러한 상호 승낙에는 잘못된 것이 있을 수 없기 때문이다. 에로스는 또한 자제력을 지니고 있다. 그는 즐거움과 욕망을 조절할 수 있기때문이다. 그는 또한 용감하고, 천재이며, 모든 사람을 시인으로 만든다. 왜냐하면 사랑과 욕망의 인도를 받아야만, 모든 기술은 그 각각의 기술을 담당하는 신들에 의해 발견되어질 수 있기 때문이다. 따라서 에로스야말로 아름답고 훌륭하며, 모든 선과 미의 근원이 된다.

9) 소크라테스와 아가톤의 이야기 (2)(198a~201c): 연회

석상의 모든 사람들이 아가톤의 이야기에 박수갈채를 보낸다. 소크라테스는 타의 추종을 불허하는 그의 화려한 수사학적 이야기 다음으로 자신이 이야기하게 된 것을 한탄하며, 자신은 소박하게 자기 방식대로 진리만 이야기하겠다고 말한다. 좌중의 허락이 있은 후, 그는 자신의 이야기를 시작하기 전에 아가톤에게 몇 가지 질문을 통해 다음과 같은 사실을 확인받는다. 즉 모든 사랑은 대상에 따라 상대적이다. 사랑은 언제나 어떤 대상을 향해 있다. 그러나 사람은 자신에게 결핍되어 있는 것만을 갈구한다. 만약에 에로스가 미와 선을 갈구한다면, 그는 그것을 소유하고 있지 못한 탓이다. 따라서 에로스 자신은 아름답거나 훌륭하지 못하다. 이러한 사실을 명확히 규정한 뒤에 소크라테스는 이야기를 계속한다.

10) 소크라테스의 이야기(201d~212c): 소크라테스는 만티네아의 현녀 디오티마로부터 들은 사랑에 관해 이야기한다. 그녀에 따르면, 에로스는 아름답지도 추하지도 않다. 그는 중간자이다. 완전 무지렁이도 대단한 현자도 아니다. 그는 가사적 존재자도 아니고 불사적 존재자도 아니다. 그는 그 두 존재자들의 의사소통을 중재하는 다이몬이다. 그는 여신 아프로디테의 생일이 계기가 되어 만난 결핍의 여신 페니아와 길 또는 방법의 신 포로스의 아들이다. 그의 태생은 그

의 성격을 이미 규정지어주고 있다. 그는 어머니를 닮아 모든 면에서 결핍된 불완전한 존재이다.(이는 그가 인간을 투시한 인물임을 말해준다.) 때문에 완전성에 이르려는 갈망으로 가득 찬 영혼을 지닌 존재이다.(모든 신들이 아프로디테의 생일을 축하하기 위해 모였다는 것은 모든 인간이 아름다움 즉 완전성을 갈구한다는 사실을 상징하고 있다.) 그는 다른 한편으로 아버지의 성격을 이어 받아, 자신이 원하는 것을 얻기 위해 모든 수단을 동원할 줄 아는 존재이기도 하다. 결국 에로스는 아름다움을 찾아 끊임없이 탐구하는 노력 자체를 의미한다. 그런데 아름다움은 좋음을 수반할 때에만 가능하기 때문에 결국 사랑은 좋음을 지속적으로 소유하려는 갈망이 된다. 그러한 목적에 도달하려면 우리 인간의 영혼은 여러 단계를 거쳐야 한다. 그 상승은 언제나 로고스를 동반하고, 아름다운 육체의 단일성에서 출발하여 아름다운 영혼들과 훌륭한 직업·지식들의 단일성을 거쳐 앎의 단일성을 향해 올라간다. 그러나 이러한 단계들은 '아름다움에 대한 앎'이라는 마지막 단계의 앎을 위한 예비 단계들일 뿐이다. 즉 연속적 앎은 직관이라는 불연속적——그 연속성을 단절시키고 초월해버리는——직관에 의해 완성된다. 이상이 디오티마에게서 배운 사랑이라고 이야기하면서, 소크라테스는 자신도 이러한 사랑을 실천할 뿐만 아니라, 다른 사람들도 설득하려고 노력한다고 말한다.

11) 알키비아데스의 등장(212c~215a): 술 취한 알키비아데스가 갑자기 연회장에 등장하여 소크라테스와 아가톤 사이에 자리를 잡고 소크라테스에게 화관을 씌어 준다. 그리고 이 자리의 규칙에 따라 자신은 소크라테스에 대한 찬사를 늘어놓겠다고 선언한다.

12) 알키비아데스의 이야기(215a~222b): 알키비아데스는 소크라테스를 실레누스 조각상과 비교하면서 묘사한다. 즉 신이 조각상 안에 그 모습을 감추고 있듯이, 소크라테스도 겉모습과는 달리 그 내면 속에 입문자들만 알 수 있는 매력을 감추고 있다. 그는 겉으로는 구두 수선공이나 무두장이처럼 추하고 항상 지루하게 같은 이야기만 반복하는 사람으로 보이지만, 그의 내면은 신의 덕과 사람다운 사람이 되기 위해 연마해야 할 모든 것을 갖추고 있고 언제나 의미 있는 이야기만 하는 사람임을 알 수 있다. 계속하여 그는 포티데아 전투에서 소크라테스가 자신의 목숨을 구해준 예를 들면서, 그의 용감성과 참을성에 대해 찬사를 아끼지 않는다.

13) 결론(222c~223d): 소크라테스는 알키비아데스가 단순히 그와 아가톤 사이에 분란을 일으키려 한다고 주장한다.

그들 사이에서 부수적인 이야기들이 오갈 때, 또 다른 술 취한 무리들이 들이닥쳐 정상적인 대화가 불가능하게 된다. 일부는 연회장을 떠나고 알키비아데스도 잠이 든다. 새벽녘에 그가 깨어났을 때에는 소크라테스와 아가톤 그리고 아리스토파네스만 계속하여 이야기하고 있었다. 큰 술잔을 돌리며 소크라테스는 두 사람에게 훌륭한 비극 작가는 희극을 쓸 수 있고, 희극 작가도 비극을 쓸 수 있다는 사실을 증명하고 있었다. 두 사람이 졸면서 끄덕거리자 소크라테스는 그들을 남겨 놓고 아가톤의 집을 떠난다.

문지스펙트럼

제1영역 한국 문학선

1-001 별(황순원 소설선/박혜경 엮음)
1-002 이슬(정현종 시선)
1-003 정든 유곽에서(이성복 시선)
1-004 귤(윤후명 소설선)
1-005 별 헤는 밤(윤동주 시선/홍정선 엮음)
1-006 눈길(이청준 소설선)
1-007 고추잠자리(이하석 시선)
1-008 한 잎의 여자(오규원 시선)
1-009 소설가 구보씨의 일일(박태원 소설선/최혜실 엮음)
1-010 남도 기행(홍성원 소설선)
1-011 누군가를 위하여(김광규 시선)
1-012 날개(이상 소설선/이경훈 엮음)
1-013 그때 제주 바람(문충성 시선)
1-014 보이는 것을 바라는 것은 희망이 아니므로(마종기 시선)
1-015 내가 당신을 얼마나 꿈꾸었으면(김형영 시선)

제2영역 외국 문학선

2-001 젊은 예술가의 초상 1(제임스 조이스/홍덕선 옮김)
2-002 젊은 예술가의 초상 2(제임스 조이스/홍덕선 옮김)
2-003 스페이드의 여왕(푸슈킨/김희숙 옮김)
2-004 세 여인(로베르트 무질/강명구 옮김)
2-005 도둑맞은 편지(에드가 앨런 포/김진경 옮김)
2-006 붉은 수수밭(모옌/심혜영 옮김)
2-007 실비/오렐리아(제라르 드 네르발/최애리 옮김)
2-008 세 개의 짧은 이야기(귀스타브 플로베르/김연권 옮김)

2-009 꿈의 노벨레(아르투어 슈니츨러/백종유 옮김)

2-010 사라진느(오노레 드 발자크/이철 옮김)

2-011 베오울프(작자 미상/이동일 옮김)

2-012 육체의 악마(레이몽 라디게/김예령 옮김)

2-013 아무도 아닌, 동시에 십만 명인 어떤 사람
(루이지 피란델로/김효정 옮김)

2-014 탱고(루이사 발렌수엘라 외/송병선 옮김)

2-015 가난한 사람들(모리츠 지그몬드 외/한경민 옮김)

2-016 이별 없는 세대(볼프강 보르헤르트/김주연 옮김)

2-017 잘못 들어선 길에서(귄터 쿠네르트/권세훈 옮김)

2-018 방랑아 이야기(요제프 폰 아이헨도르프/정서웅 옮김)

2-019 모데라토 칸타빌레(마르그리트 뒤라스/정희경 옮김)

2-020 모래 사나이(E. T. A. 호프만/김현성 옮김)

2-021 두 친구(G. 모파상/이봉지 옮김)

2-022 과수원/장미(라이너 마리아 릴케/김진하 옮김)

2-023 첫사랑(사뮈엘 베케트/전승화 옮김)

2-024 유리 학사(세르반테스/김춘진 옮김)

2-025 궁지(조리스-카를 위스망스/손경애 옮김)

2-026 밝은 모퉁이 집(헨리 제임스/조애리 옮김)

2-027 마틸데 뫼링(테오도르 폰타네/박의춘 옮김)

2-028 나비(왕멍/이욱연·유경철 옮김)

2-029 모자(토마스 베른하르트/김현성 옮김)

제3영역 세계의 산문

3-001 오드라덱이 들려주는 이야기(프란츠 카프카/김영옥 옮김)

3-002 자연(랠프 왈도 에머슨/신문수 옮김)

3-003 고독(로자노프/박종소 옮김)

3-004 벌거벗은 내 마음(샤를 보들레르/이건수 옮김)

3-005 말라르메를 만나다(폴 발레리/김진하 옮김)

제4영역 문화 마당

4-001 한국 문학의 위상(김현)
4-002 우리 영화의 미학(김정룡)
4-003 재즈를 찾아서(성기완)
4-004 책 밖의 어른 책 속의 아이(최윤정)
4-005 소설 속의 철학(김영민·이왕주)
4-006 록 음악의 아홉 가지 갈래들(신현준)
4-007 디지털이 세상을 바꾼다(백욱인)
4-008 신혼 여행의 사회학(권귀숙)
4-009 문명의 배꼽(정과리)
4-010 우리 시대의 여성 작가(황도경)
4-011 영화 속의 열린 세상(송희복)
4-012 세기말의 서정성(박혜경)
4-013 영화, 피그말리온의 꿈(이윤영)
4-014 오프 더 레코드, 인디 록 파일(장호연·이용우·최지선)
4-015 그 섬에 유배된 사람들(양진건)
4-016 슬픈 거인(최윤정)
4-017 스크린 앞에서 투덜대기(듀나)
4-018 페넬로페의 옷감 짜기(김용희)
4-019 건축의 스트레스(함성호)
4-020 동화가 재미있는 이유(김서정)

제5영역 우리 시대의 지성

5-001 한국사를 보는 눈(이기백)
5-002 베르그송주의(질 들뢰즈/김재인 옮김)
5-003 지식인됨의 괴로움(김병익)
5-004 데리다 읽기(이성원 엮음)
5-005 소수를 위한 변명(복거일)
5-006 아도르노와 현대 사상(김유동)

5-007 민주주의의 이해(강정인)
5-008 국어의 현실과 이상(이기문)
5-009 파르티잔(칼 슈미트/김효전 옮김)
5-010 일제 식민지 근대화론 비판(신용하)
5-011 역사의 기억, 역사의 상상(주경철)
5-012 근대성, 아시아적 가치, 세계화(이환)
5-013 비판적 문학 이론과 미학(페터 V. 지마/김태환 편역)
5-014 국가와 황홀(송상일)
5-015 한국 문단사(김병익)
5-016 소설처럼(다니엘 페나크/이정임 옮김)
5-017 날이미지와 시(오규원)
5-018 덧없는 행복(츠베탕 토도로프/고봉만 옮김)
5-019 복화술사들(김철)
5-020 경제적 자유의 회복(복거일)

제6영역 지식의 초점

6-001 고향(전광식)
6-002 영화(볼프강 가스트/조길예 옮김)
6-003 수사학(박성창)
6-004 추리소설(이브 뢰테르/김경현 옮김)
6-005 멸종(데이빗 라우프/장대익·정재은 옮김)
6-006 영화와 음악(구경은)

제7영역 세계의 고전 사상

7-001 쾌락(에피쿠로스/오유석 옮김)
7-002 배우에 관한 역설(드니 디드로/주미사 옮김)
7-003 향연(플라톤/박희영 옮김)
7-004 시학(아리스토텔레스/이상섭 옮김)